¡Viva el español!

Workbook

¿Qué tal?

John De Mado

Linda West Tibensky

Marcela Gerber, Series Consultant

 **Wright Group**

The **McGraw·Hill** Companies

www.WrightGroup.com

 **Wright Group**

Copyright ©2005 Wright Group/McGraw-Hill

All rights reserved. Except as permitted under the United States
Copyright Act, no part of this publication may be reproduced or
distributed in any form or by any means, or stored in a database
or retrieval system, without the prior written permission from the
publisher, unless otherwise indicated.

Printed in the United States of America.

Send all inquiries to:
Wright Group/McGraw-Hill
P.O. Box 812960
Chicago, Illinois 60681

ISBN: 0-07-602918-2

4 5 6 7 8 9 10 POH 11 10 09 08 07 06 05

Contenido

Nombre _____

A. What does Julio have in his desk? Are his school supplies ready? Use the picture to complete the sentences.

M Julio usa _____**el globo**_____ en la clase de estudios sociales.

1. Julio va al pizarrón con _____.

2. Él usa _____ en la clase de matemáticas.

3. A Julio le gusta escribir con _____.

4. Él estudia los colores de _____ en la clase de estudios sociales.

5. Julio escribe mucho en _____.

Nombre _____

B. What are your classes like? On what days do you study different subjects? Write answers that are true for you.

M ¿Cómo es la clase de matemáticas? ¿Cuándo estudias las matemáticas?

La clase de matemáticas es interesante. Estudio las matemáticas los lunes,

los martes, los jueves y los viernes.

1. ¿Cómo es la clase de español? ¿Cuándo estudias el español?

_____

_____

2. ¿Cómo es la clase de inglés? ¿Cuándo estudias el inglés?

_____

_____

3. ¿Cómo es la clase de estudios sociales? ¿Cuándo estudias los estudios sociales?

_____

_____

4. ¿Cómo es la educación física? ¿Cuándo vas al gimnasio?

_____

_____

5. ¿Cómo es tu clase favorita? ¿Cuándo vas a tu clase favorita?

_____

_____

Nombre _____

C. How observant are you? Look around your classroom and answer the questions as quickly and as accurately as you can.

M ¿Cuántas puertas hay en tu salón de clase?

Hay una puerta en mi salón de clase.

1. ¿Cuántas alumnas hay en tu salón de clase?

   _____

2. ¿Cuántos alumnos hay?

   _____

3. ¿Hay una maestra o hay un maestro en tu salón de clase?

   _____

4. ¿Cuántos pupitres hay en tu salón de clase?

   _____

5. ¿Cuántos pizarrones hay?

   _____

6. ¿Hay una computadora en tu salón de clase?

   _____

¡Piénsalo!

Catalina has just passed a secret note to her friend Anita. Decode the note and write the message below.

¡On em atsug raidutse sol sodabás!

_____

Nombre _____

D. Rosario, the new student, has passed you a note in class. You decide to answer her during your study break. Complete the sentences in your own words.

¡Hola!

Me llamo _____.

Mi clase favorita es _____.

Es una clase _____.

¿Qué vas a hacer el sábado? Yo voy a _____.

También voy a _____ mi libro de español.

¿Escribes con un bolígrafo o con un lápiz? Yo siempre

_____.

Ahora voy a la clase de _____.

¡Hasta luego!

_____

Nombre _____

E. Sonia and Elena are writing a science-fiction story about another planet. You are curious about conditions on their imaginary planet. How do they answer your questions? Use the words in parentheses to answer the questions.

M ¿Qué tiempo hace en el verano?

(frío/nublado) _____ **Hace frío y siempre está nublado.** _____

1. ¿Qué tiempo hace los fines de semana?

(calor/sol) _____

2. ¿Qué tiempo hace en el invierno?

(fresco/viento) _____

3. ¿Qué tiempo hace en el otoño?

(nublado/nevando) _____

4. ¿Qué tiempo hace en la primavera?

(frío/lloviendo) _____

F. If you could create another planet, what would the weather be like? Answer the questions on the lines provided.

1. ¿Qué tiempo hace en el otoño?

_____

2. ¿Qué tiempo hace en el verano?

_____

3. ¿Qué tiempo hace en el invierno?

_____

4. ¿Qué tiempo hace en la primavera?

_____

Nombre _____

G. If you could ask each person in the picture some questions, what would you ask? Write questions according to each picture.

M (Ramón) _____ ¿Te gusta el invierno? ¿Patinas mucho en el invierno? _____

1. (Arsenio) _____

2. (Marina) _____

3. (Juan) _____

4. (Rosita) _____

5. (Felipe) _____

6. (Olga) _____

Nombre _____

H. Elisa's brother David has had a terrible day. How does he answer her questions? Write his answers on the blanks.

M

¿Tienes frío?

Sí, tengo mucho frío. _____

1.

¿Tienes prisa?

_____

2.

¿Tienes sueño?

_____

3.

¿Tienes hambre?

_____

4.

¿Tienes razón?

_____

5.

¿Tienes miedo?

_____

Nombre _____

I. Bernardo has a very busy schedule this Saturday. He has written everything down. You are helping him memorize his schedule. How do you answer his questions?

> ### Este sábado
> 8:00 ir al gimnasio
> 8:15 practicar deportes
> 10:00 ir a la biblioteca / leer un libro para la clase de inglés
> 12:00 caminar a la casa
> 12:45 aprender el vocabulario para la clase de español
> 1:30 escribir una carta a mi amiga Lidia
> 2:10 ir a la casa de Felipe
> 2:20 ir al cine
> 4:35 caminar a la casa

M ¿Adónde voy a las ocho?

Vas al gimnasio a las ocho en punto. _____

M Voy al cine a las cinco menos veinticinco, ¿verdad?

No. Vas al cine a las dos y veinte. _____

1. ¿Practico deportes a las ocho y media?

_____

2. ¿Adónde voy al mediodía?

_____

3. Voy a la biblioteca a las dos y diez, ¿verdad?

_____

Nombre _____

4. Leo un libro en la casa de Felipe, ¿verdad?

_____

5. ¿Adónde camino a las cinco menos veinticinco?

_____

6. ¿A qué hora aprendo el vocabulario para la clase de español?

_____

7. ¿Cuándo voy a la casa de Felipe?

_____

8. ¿A qué hora escribo una carta a Lidia?

_____

J. Now it's your turn to write about your Saturday activities. Write at least five sentences using specific times of day.

M A las nueve y cuarto camino a la tienda. _____

1. _____

2. _____

3. _____

4. _____

5. _____

Nombre _____

K. Señor and señora Payaso have come to visit you this afternoon. They're not speaking to each other, so it's up to you to ask the questions. Write eight questions based on the picture.

 Señora Payaso, ¿no tiene usted miedo de los tigres? _____

 Señor Payaso, ¿le gusta mucho leer? _____

1. _____

2. _____

3. _____

4. _____

5. _____

6. _____

7. _____

8. _____

¿Cómo se dice?

Nombre _____

A. You have an active imagination. You've drawn Sochi, a creature from another planet. Answer your friends' questions about Sochi.

M ¿Cuántas cabezas tiene Sochi?

Tiene dos cabezas. _____

1. ¿Cuántos cuellos tiene Sochi?

_____

2. ¿Cuántos brazos tiene?

_____

3. ¿Cuántas manos tiene Sochi?

_____

4. ¿Cuántos dedos tiene en la mano?

_____

5. ¿Cuántas piernas tiene?

_____

6. ¿Cuántos pies tiene?

_____

7. ¿Cuántas rodillas tiene?

_____

¿Cómo se dice?   Nombre _____

A. Your key pal wants to know what you look like. How do you answer her questions? Write answers that are true for you.

M ¿Tienes la nariz grande o pequeña?

Tengo la nariz grande. _____

1. ¿Tienes las pestañas largas o cortas?

_____

2. ¿Tienes las manos grandes o pequeñas?

_____

3. ¿Tienes los ojos grandes o pequeños?

_____

4. ¿Tienes las piernas largas o cortas?

_____

5. ¿Tienes la boca grande o pequeña?

_____

6. ¿Tienes el pelo largo o corto?

_____

7. ¿Tienes las orejas grandes o pequeñas?

_____

8. ¿Tienes la cara larga o corta?

_____

¿Cómo se dice?

Nombre _____

A. It's a busy day in the nurse's office. She needs your help to list the patients. Use *le duele* or *le duelen* to complete the sentence.

M Pedro: _____ **Le duelen** _____ los dedos.

1. Judit: _____ la cabeza.

2. Mateo: _____ el codo.

3. Lupe: _____ las manos.

4. Adán: _____ los pies.

5. Inés: _____ las orejas.

Nombre _____

B. Unfortunately, the nurse spilled water on your notes. She must find out for herself what is wrong with the students. Complete her question. Then look at the picture in Exercise A, page 13, to answer the question.

M P: Pedro, _____**te duele**_____ la cabeza, ¿verdad?

R: No, señora. _____**Me duelen los dedos.**_____

1. P: Adán, _____ las rodillas, ¿verdad?

R: No, señora. _____

2. P: Lupe, _____ el cuello, ¿verdad?

R: No, señora. _____

3. P: Mateo, _____ los dientes, ¿verdad?

R: No, señora. _____

4. P: Judit, _____ los hombros, ¿verdad?

R: No, señora. _____

5. P: Inés, _____ los tobillos, ¿verdad?

R: No, señora. _____

Nombre _____

C. You and some friends are hiking. Two of your friends have hurt themselves. David hurt himself above the waist and Laura hurt herself below the waist. To find out exactly what hurts, ask them each two questions. In one question use *te duele* and in the other, use *te duelen.*

David

Ⓜ ¿Te duele el cuello? _____

1. _____

2. _____

Laura

Ⓜ ¿Te duelen las rodillas? _____

1. _____

2. _____

¡Piénsalo!

What do you say to people who tell you about their aches and pains? To find out, complete the sentences and write the letters that go with the numbers.

1. Caminas con los ——— ——— ——— ———.
$\quad\quad\quad\quad\quad\quad\quad\quad$ 1 $\quad$ 2 $\quad$ 3 $\quad$ 4

2. La cabeza y las piernas son partes del ——— ——— ——— ——— ——— ———.
$\quad\quad\quad\quad\quad\quad\quad\quad\quad\quad\quad\quad\quad\quad\quad\quad$ 5 $\quad$ 6 $\quad$ 7 $\quad$ 8 $\quad$ 9 $\quad$ 10

3. En la boca, tienes los dientes y la ——— ——— ——— ——— ——— ———.
$\quad\quad\quad\quad\quad\quad\quad\quad\quad\quad\quad\quad\quad\quad\quad$ 11 $\quad$ 12 $\quad$ 13 $\quad$ 14 $\quad$ 15 $\quad$ 16

4. Susana tiene los ojos azules y las ——— ——— ——— ——— ——— ——— ——— ——— largas.
$\quad\quad\quad\quad\quad\quad\quad\quad\quad\quad\quad\quad\quad\quad$ 17 $\quad$ 18 $\quad$ 19 $\quad$ 20 $\quad$ 21 $\quad$ 22 $\quad$ 23 $\quad$ 24

5. Escribes con la ——— ——— ——— ———.
$\quad\quad\quad\quad\quad\quad\quad\quad\quad\quad$ 25 $\quad$ 26 $\quad$ 27 $\quad$ 28

¡Q——— ——— $\quad$ ——— ——— ——— ——— ——— ——— ———!
$\quad$ 6 $\quad$ 3 $\quad\quad$ 11 $\quad$ 23 $\quad$ 19 $\quad$ 20 $\quad$ 2 $\quad$ 25 $\quad$ 16

¿Cómo se dice?

Nombre _____

A. It is a busy day at the hospital too! Nurse Ana asked the patients what was wrong and wrote quick notes. Use her notes to help her write a report for the doctor.

> la señora / la espalda
> Juan / los tobillos
> el señor / la rodilla
> Cecilia / las orejas
> la niña / el pie
> el niño / los dedos
> A mí / ¡la cabeza!

M A la señora le duele la espalda. _____

1. _____

2. _____

3. _____

4. _____

5. _____

6. _____

¡A leer!

Nombre _____

Read the following text and decide whether the statements below are true (*verdadero*) or false (*falso*).

Las Paraolimpiadas

Los deportistas usan las piernas y los brazos para correr, saltar y usar una pelota, los ojos para ver y los oídos para escuchar. ¿Crees que es imposible ser deportista si no puedes correr, ver o escuchar? Las personas con discapacidades pueden practicar deportes como cualquier persona, si no tienen miedo de probar.

Las Paraolimpiadas son Juegos Olímpicos para personas con discapacidades. Durante estos juegos, la gente practica muchos deportes adaptados, como el atletismo, el tenis, el baloncesto, el hándbol, el fútbol, el volibol y la natación. Las personas que no pueden caminar, por ejemplo, juegan en silla de ruedas. Los Juegos promueven la igualdad entre todas las personas del mundo. Cada año participan más deportistas.

1. Es imposible ser deportista si no puedes correr, ver o escuchar.

   _____

2. Las personas con discapacidades pueden practicar deportes.

   _____

3. Las Paraolimpiadas son Juegos Olímpicos para personas sin discapacidades.

   _____

4. Las personas que no pueden ver, juegan en silla de ruedas.

   _____

5. Las Parolimpiadas promueven la igualdad entre todas las personas del mundo.

   _____

Nombre _____

CONEXIÓN CON EL ARTE

Draw the missing part of each picture to make it symmetrical. Then draw the lines of symmetry for each picture in red. Color the shapes and write a description under it.

_____   _____   _____

_____   _____   _____

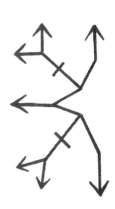  

_____   _____   _____

_____   _____   _____

ᙣ ¡APRENDE MÁS! ᙠ

Nombre _____

In most languages, you can find sayings that may not make sense when you translate them word for word. These sayings take on meanings of their own. They are called "idioms" in English and *modismos* in Spanish. For example, the expression "to lend a hand" does not mean that the person actually gives someone his or her hand. The expression really means "to help."

Look at the following illustration and read the Spanish expressions to the left and the English word-for-word translations to the right. In your own words, write what you think the expression really means. Then write an English expression that has a similar meaning.

¡La computadora cuesta un ojo de la cara!

The computer costs an eye from your face!

Meaning: _____

Equivalent expression in English: _____

La mamá encuentra al hijo con las manos en la masa.

The mother catches her son with his hands in the dough.

Meaning: _____

Equivalent expression in English: _____

 ¡A DIVERTIRSE!

Nombre _____

Usa tu talento artístico

Do you think that life exists on a planet somewhere in a distant galaxy? What do you think a being from another planet might look like? Use your artistic talents (and a lot of imagination) to draw a picture of your being from outer space. Write some sentences about it on the lines provided.

_____

_____

_____

_____

_____

_____

¿Cómo se dice?

Nombre _____

A. What do you wear in different situations? Read about each situation, then write a sentence with *llevar* telling what you wear in that situation.

M Hace fresco. Hace viento también.

Llevo mi chaqueta. (Llevo mi suéter.) _____

1. Caminas a la escuela. Está lloviendo.

   _____

2. Practicas deportes. Hace sol.

   _____

3. Vas al cine. Hace mucho frío y está nevando.

   _____

4. Es septiembre. Vas a ir a una fiesta.

   _____

5. Estudias en la casa. Tienes frío.

   _____

6. Vas a caminar. Tienes frío en los pies.

   _____

¿Cómo se dice?

Nombre _____

A. What do you think is pretty? What do you think is ugly? Draw or find pictures of clothing that is pretty and clothing that is ugly. Then write a sentence about each item.

La ropa fea

La ropa bonita

No me gusta la blusa fea.

Me gusta la camiseta bonita.

¿Cómo se dice?

Nombre _____

A. You are window-shopping at the mall. The mannequins are all the same size, but the clothes aren't! Answer the questions according to the picture.

Julio   Julieta   José   Judit   Juana

M ¿Cómo le queda la ropa a Julio?

Los pantalones le quedan cortos. La camisa le queda bien.

1. ¿Cómo le queda la ropa a Julieta?

_____

2. ¿Cómo le queda la ropa a José? _____

_____

3. ¿Cómo le queda la ropa a Judit?

_____

4. ¿Cómo le queda la ropa a Juana? _____

_____

Nombre _____

B. Sometimes people like to be complimented. Choose four classmates and one adult. Write a compliment for each one about his or her clothes.

M Señora Antaras, el vestido le queda bonito. _____

1. _____

2. _____

3. _____

4. _____

5. _____

C. Do all of your clothes fit well? Are some items too small or too short? Write five sentences about the clothes that don't fit you well.

M Mi abrigo favorito me queda pequeño. _____

1. _____

2. _____

3. _____

4. _____

5. _____

¿Cómo se dice?

Nombre _____

A. Whom do these clothes belong to? Draw a line from the model to the clothes, and write the correct sentences.

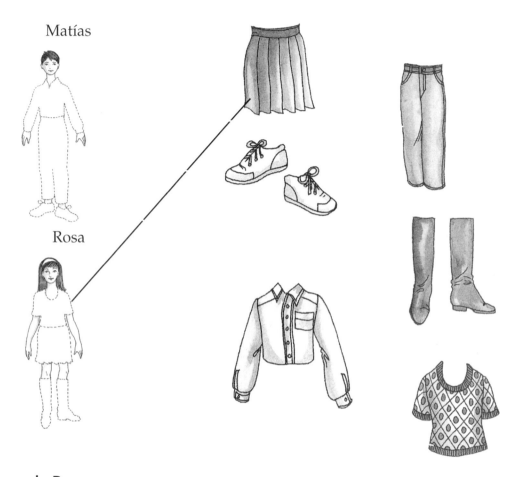

Matías

Rosa

M **La falda es de Rosa.** _____

1. _____

2. _____

3. _____

4. _____

5. _____

Nombre _____

B. Four visitors have left their belongings in your classroom. Sort them out. Use the lists to answer the questions.

El hombre   **La mujer**   **El niño**   **La niña**
un sombrero   un suéter   una chaqueta   un abrigo
un bolígrafo   un cuaderno   dos libros   un librito
dos reglas   dos mapas   un lápiz   un reloj

M ¿De quién son las reglas?   **3.** ¿De quién es la chaqueta?

Son del hombre.   _____

M ¿De quién es el librito?   **4.** ¿De quién es el bolígrafo?

Es de la niña.   _____

1. ¿De quién es el suéter?   **5.** ¿De quién son los mapas?

_____   _____

2. ¿De quién son los libros?   **6.** ¿De quién es el reloj?

_____   _____

C. There are a few items left to be sorted out. Use the lists in Exercise B to answer the questions.

M ¿Son las reglas del hombre o de la mujer?

Las reglas son de él.

1. ¿Es el cuaderno del hombre o de la mujer?

_____

2. ¿Es el abrigo del niño o de la niña?

_____

3. ¿Es el sombrero del hombre o de la mujer?

_____

¡A leer!

Nombre _____

La ropa y la historia

La ropa de las personas cambia con la historia y el lugar. Por ejemplo, en los dibujos de la antigua Grecia y Roma, las mujeres llevan vestidos y los hombres, togas. En los dibujos de la Edad Media, las mujeres llevan vestidos largos y los hombres, túnicas y pantalones. En los dibujos de otros tiempos, las mujeres y los hombres llevan ropa muy grande, como vestidos y abrigos largos: es difícil caminar con esa ropa.

Hoy, los hombres llevan pantalones, camisas y camisetas. En algunos lugares, como Escocia, también llevan faldas tradicionales en ocasiones especiales. Las mujeres hoy llevan faldas y vestidos, pero también llevan pantalones. La ropa es más simple y divertida.

Fill in the chart with the different clothes worn by men and women throughout history.

Mujeres	Hombres

Nombre _____

CONEXIÓN CON LA CULTURA

In Spanish-speaking countries, there are certain items of clothing that are often used in some regions. Here is a short description of some of those garments. Read the text, and number the pictures according to the descriptions.

1. el poncho
Es un rectángulo de tela que tiene un agujero para la cabeza. Es muy común en los Andes y en la Pampa argentina. Puede ser liso o con rayas. Es de lana de vicuña, llama o alpaca.

2. la guayabera
Es de Cuba, pero la usan en muchos lugares, especialmente en las zonas tropicales. Es una camisa de tela ligera, buena para el calor del trópico. Puede tener mangas cortas, para usar todos los días, o mangas largas, y entonces es más elegante.

3. el chullo
Es un gorro de lana. Tiene muchos colores y diferentes dibujos que dicen de dónde es la persona. Se usa en regiones de los Andes.

Expresa tus ideas

Nombre _____

The Explorers' Club is rehearsing for a play to raise money for their summer trip. It looks like they may have to spend some money on costumes first! Write at least ten sentences about the picture.

_____

_____

_____

_____

_____

_____

_____

_____

_____

¡A DIVERTIRSE!

Nombre _____

¹R	O	P	²A		³		⁴		⁵		⁶

Horizontales

1. Compro medias en la tienda de _____.

3. Llevo esta ropa en las piernas: _____. Hay largos o cortos.

7. En julio llevo mi _____. Sólo las chicas llevan esta ropa.

11. No es grande. No es pequeño. Es _____.

12. Escribo con la _____.

13. El suéter azul es _____ Julio.

15. A veces hay dibujos divertidos en las _____.

Verticales

2. Hace frío. Llevo un _____.

3. A la medianoche llevo un _____.

4. ¿A ti no _____ gusta la falda?

5. ¿Cómo _____ queda la ropa a Iris?

6. Compro un _____ para la cabeza.

8. No es pequeño. Es _____.

9. No son bonitas. Son _____.

10. Hace calor y hace _____.

14. Tengo una bata bonita. Es _____ bata favorita.

¿Cómo se dice?

Nombre _____

A. You are trying to describe your friends' hair to your mother. Choose the appropiate words from the lists to complete the sentences.

largo   mediano   ondulado
corto   lacio   rizado

M El pelo de Antonia es _____corto_____ y _____lacio_____.

1. El pelo de Federico es _____ y _____.

2.  El pelo de Laura es _____ y _____.

3.  El pelo de Mariela es _____ y _____.

4.  El pelo de Juanito es _____ y _____.

¿Cómo se dice?

Nombre _____

A. Ester is trying to describe her friends' personalities. She needs help in choosing the right adjective. After reading the description, answer the question.

M Jaime siempre practica deportes. ¿Es tímido o es atlético?

Jaime es atlético. _____

1. Carmenza siempre tiene prisa. Siempre mira su reloj. ¿Es inteligente o es impaciente?

   _____

2. Eduardo compra camisetas para sus amigos. ¿Es generoso o es cómico?

   _____

3. A Diana le gustan las personas. Ella tiene muchos amigos. ¿Es atlética o es popular?

   _____

4. Rosita tiene miedo de bailar. También tiene miedo de cantar. ¿Es impaciente o es tímida?

   _____

B. What is your best friend like? Write three sentences describing your best friend.

tímido	popular	atlético	impaciente
inteligente	simpático	cómico	generoso

1. _____

2. _____

3. _____

¿Cómo se dice?

Nombre _____

A. You are having a conversation with Javier Montenegro. He is a foreign exchange student from Chile. Use *soy, eres,* or *es* to complete what each one of you says.

M P: Javier, ¿____eres____ tú muy atlético?

    R: Yo no ____soy____ atlético. Mi hermano ____es____ atlético.

1. P: Javier, ¿_____ cómico tu hermano?

    R: No, él no _____ cómico. Mi hermana _____ cómica.

2. P: Javier, ¿_____ tú impaciente?

    R: Sí, a veces _____ impaciente. Mi tío _____ muy impaciente.

3. P: Javier, ¿_____ bonita tu hermana?

    R: Sí, ella _____ bonita. Mi mamá también _____ bonita.

4. P: Javier, ¿cómo _____ tú?

    R: _____ alto y fuerte. También _____ generoso.

5. P: Javier, ¿_____ simpático tu papá?

    R: Sí, él _____ muy simpático. A veces mi hermano no _____ simpático.

Nombre _____

B. The Association of Twins is having a convention. What are the twins like? Write a sentence about each pair of twins.

M Lupe y Luisa / bajo

Lupe y Luisa son bajas. _____

1. Eva y Ema / fuerte

_____

2. José y Josué / generoso

_____

3. Rubén y Raúl / alto

_____

4. Carla y Clara / cómico

_____

5. Mario y Mateo / tímido

_____

C. Elisa wants to ask you some questions. Write answers that are true for you.

M ¿Son simpáticos tus abuelos?

Si, mis abuelos son muy simpáticos. _____

1. ¿Son atléticos tus amigos?

_____

2. ¿Eres tú atlético o atlética?

_____

3. ¿Son impacientes tus maestros?

_____

4. ¿Eres tú impaciente?

_____

¿Cómo se dice?

Nombre _____

A. You are at the zoo today. How do you describe and compare the animals?
Complete the sentence according to the picture, using *más . . . que* or
menos . . . que.

M El tigre es grande. El conejo es ___**menos grande que** *or*___

___**más pequeño que**___ el tigre.

1.  El flamenco es alto. El canario es _____

_____ el flamenco.

2.  El perro es largo. El ratón es _____

_____ el perro.

3. El conejo blanco es grande. El conejo blanco es _____

_____ el conejito negro.

4.  El oso es fuerte. El osito es _____

_____ el oso.

Nombre _____

B. You have a key pal named Cristina in South America. What would you write to your key pal about your classes and school? Write a letter with at least six sentences to answer Cristina's letter.

¡Hola, amiga!

Vivo en una casa pequeña. Mi casa es menos grande que el gimnasio de la escuela.

Tengo muchas clases. La clase de ciencias es interesante. Es más interesante que la clase de educación física. La lectura es menos divertida que los estudios sociales. La clase de estudios sociales es más aburrida que la clase de matemáticas. Y la clase de español es más popular que la clase de inglés. ¿Cómo son tus clases?

¡Hasta luego!
Cristina

_____

_____

_____

_____

_____

_____

_____

_____

_____

¡A leer!

Nombre _____

Read the paragraphs and complete the chart below.

Nuestro tipo de pelo

Hay muchos tipos de pelo diferentes. El pelo es lacio, ondulado o rizado. También es rubio, rojo, castaño o negro. Nuestro tipo de pelo depende de nuestro origen, y del tipo de pelo de nuestros padres y nuestros abuelos.

Claro que podemos cambiar nuestro tipo de pelo. Podemos alisarlo o rizarlo, cambiarle el color, y hasta pintarlo de colores extraños, como rosado o verde. Podemos peinarlo de muchas formas. También podemos llevarlo muy largo o muy corto. Nuestro color de piel y la forma de nuestra cara dicen qué tipo de pelo nos queda bien o mal.

> Nota:
> **Podemos** means "we can."
> **Cambiarle** means to "change its."

Fill in the chart according to what you read.

Tipos de pelo	Colores del pelo	Cosas que podemos hacer con el pelo	Largos de pelo	Cosas que dicen qué tipo de pelo nos queda bien o mal

Nombre _____

CONEXIÓN CON LAS MATEMÁTICAS

Get together with six classmates and measure everyone's height. Write their names on this chart and record their heights.

Alumno	Altura *(Height)*

When you've written all the heights, place everyone's names in order from shortest to tallest. Write sentences comparing everyone. Compare your sentences with the rest of the group and use them to help everyone stand in order from shortest to tallest. Use *más (alto/bajo) que* and *menos (alto/bajo) que* to give each other instructions.

_____

_____

_____

_____

_____

 ¡APRENDE MÁS!

Nombre _____

One way to remember the meanings of words is to remember them in pairs. Sometimes you can recall one word by remembering a word that has an opposite meaning. You have already learned many pairs of opposites.

largo . . . corto	flaco . . . gordo	alto . . . bajo
grande . . . pequeño	bonito . . . feo	fuerte . . . débil

Learning opposites can also help you guess the meanings of new words. If you know one word, it is easy to guess the meaning of its opposite. Read the following sentences and underline the words that you think are opposites:

1. Raimundo es muy generoso, pero Felipe es muy tacaño.

2. Amalia es cómica, pero su hermana es seria.

3. El señor Márquez es simpático, pero el señor Rojas es antipático.

4. La señora Vega es paciente, pero la señora Estévez es impaciente.

5. Beatriz es tímida, pero Timoteo es atrevido.

Occasionally, words are easy to learn because they are cognates. (Recall that cognates are words in Spanish and English that have similar spellings and meanings.)

Reread the five sentences. Then, on the lines below, write all the words that you can recognize as cognates.

_____

_____

_____

☺ ¡A DIVERTIRSE! ☺

Nombre _____

First, read the sentences. Then look in the puzzle for each word in a sentence that is in heavy black letters. The words may appear across, down, or diagonally in the puzzle. When you find a word, circle it.

```
M   I   L   C   O   R   T   O   Z   Q   U   R
T   Í   M   I   D   O   T   M   E   N   O   S
D   E   M   P   O   L   A   Z   U   L   E   S
P   É   R   B   A   P   O   P   U   L   A   R
A   E   B   E   U   C   A   S   T   A   Ñ   O
M   R   L   I   S   Ó   I   C   O   C   M   J
I   U   A   O   L   M   B   E   M   I   Á   I
G   B   R   Q   Z   I   U   A   N   O   S   Z
A   I   G   U   J   C   Z   T   J   T   Q   O
G   O   O   E   L   A   S   O   Y   A   E   Y
```

1. **Mi** amiga **débil** es **baja** y **cómica.**

2. Yo **soy más impaciente** que tú.

3. Juan tiene el **pelo largo** y los ojos **azules.**

4. El pelo **rubio** me gusta **menos que** el pelo **castaño.**

5. El niño del pelo **rojizo** y **lacio** es **alto.**

6. Tú no **eres tímido** ¿verdad?

7. La niña del pelo **corto** es muy **popular.**

Nombre _____

A. What are señora Moreno's students like? Answer the question according to the picture.

M El pelo de Felipe es _____ **más lacio que** _____ el pelo de José.

M Olga es _____ **más alta que** _____ Rosita.

1. El pelo de Olga es _____ el pelo de Marina.

2. José es _____ Arsenio.

3. Marina _____ Ernesto.

4. El pelo de Arsenio es _____ el pelo de Rosita.

5. Los brazos de José son _____ los brazos de Felipe.

6. Las piernas de Ernesto son _____ las piernas de Olga.

Nombre _____

B. Amalia is a new student from Panama. She has many questions about weather, activities and clothing. How do you answer her questions? For each season answer the questions in your own words.

1. En el otoño . . .

   a. ¿Qué tiempo hace? _____

   b. ¿Qué te gusta hacer? _____

   c. ¿Qué ropa llevas? _____

2. En el verano . . .

   a. ¿Qué tiempo hace? _____

   b. ¿Qué te gusta hacer? _____

   c. ¿Qué ropa llevas? _____

3. En el invierno . . .

   a. ¿Qué tiempo hace? _____

   b. ¿Qué te gusta hacer? _____

   c. ¿Qué ropa llevas? _____

4. En la primavera . . .

   a. ¿Qué tiempo hace? _____

   b. ¿Qué te gusta hacer? _____

   c. ¿Qué ropa llevas? _____

Nombre _____

C. Señor Preguntón is a roving reporter for a national newspaper. He is trying to find out if best friends are alike or different. Answer his questions in your own words.

M ¿Quién es atlético, tú o tu amigo?

Mi amigo es atlético. Yo no soy atlético.

Mi amiga no es atlética. Yo soy atlética.

1. ¿Quién lee muchos libros, tú o tu amigo?

_____

2. ¿Quién es impaciente, tú o tu amigo?

_____

3. ¿Quién siempre tiene razón, tú o tu amigo?

_____

4. ¿Quién es generoso, tú o tu amigo?

_____

5. ¿Quién es cómico, tú o tu amigo?

_____

6. ¿Quién escribe muy bien en español, tú o tu amigo?

_____

Nombre _____

D. When you talk to Roberto, he tells you about his family. How do you describe the members of his family and their activities? Write two or three sentences about the picture answering the questions *¿Cómo es?* and *¿Qué hace?*

M abuelo

Su abuelo es bajo. Tiene el pelo rizado. Le gusta

caminar. Él camina mucho.

1.

hermana

_____

_____

2.

papá

_____

_____

3. mamá

_____

_____

4.

hermano

_____

_____

Nombre _____

E. Imagine that you have won money for a shopping trip. What are you going to
buy? Circle the item you prefer and answer the question *¿Qué vas a comprar?*

M

Voy a comprar la camiseta. _____

1.

_____

2.

_____

3.

_____

4.

_____

5.

_____

Nombre _____

F. Now that you have made your purchases, the store owner wants to know if you are satisfied. Answer her questions.

¿Te gusta tu ropa? _____

¿Por qué? _____

¿Te gustan los colores? _____

G. The school newspaper wants to print a feature story—about you! How do you describe your favorite people and things? Answer the questions in your own words.

1. ¿Cómo es tu clase favorita?

_____

_____

2. ¿Cómo son tus zapatos favoritos?

_____

_____

3. ¿Cómo es tu animal favorito?

_____

_____

4. ¿Cómo es tu camiseta favorita?

_____

_____

¿Cómo se dice?

Nombre _____

A. All the labels have fallen off the bulletin-board display. Help the teacher by writing new ones.

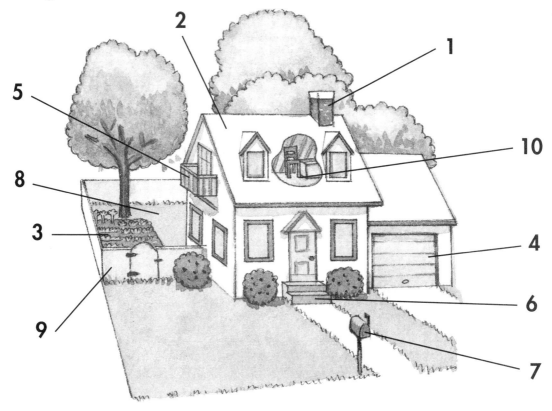

1. _____la chimenea_____

2. _____

3. _____

4. _____

5. _____

6. _____

7. _____

8. _____

9. _____

10. _____

¿Cómo se dice?

Nombre _____

A. How well do you know your own house or apartment? Answer the questions in your own words.

1. ¿Cuántos cuartos hay en tu casa o tu apartamento?

   _____

2. ¿Qué es más grande, la sala de estar o el cuarto de baño?

   _____

3. ¿De qué color es tu dormitorio?

   _____

4. ¿De qué color es el dormitorio de tus papás?

   _____

5. ¿Es grande o pequeña la cocina?

   _____

6. ¿Cuál es más pequeño, tu dormitorio o la cocina?

   _____

7. ¿De qué color es la sala de estar?

   _____

8. ¿Cuál es tu cuarto favorito?

   _____

¿Cómo se dice?

Nombre _____

A. Iris and Luis are looking at the photo album. Can you talk about the pictures without using any name? Write *nosotros, nosotras, ellos,* or *ellas*, according to the picture.

M  Juan, Carlos y yo

nosotros

3.  Luis, Rosa, Juan y yo

_____

1. Ana, Rosa y yo

_____

4. Los niños

_____

2.  Los niños y las niñas

_____

5.  Las niñas

_____

B. You are practicing to meet guests at your parents' party. What pronouns can you use to address different people? Write *tú, usted,* or *ustedes.*

M ¿El Sr. López y el Sr. Ruiz?

ustedes _____

2. ¿El Sr. Millán y la Srta. Luna?

_____

4. ¿La hija del Sr. Ruiz?

_____

1. ¿La Srta. Aguilar?

_____

3. ¿La Sra. Gómez y sus hijos?

_____

5. ¿Los hijos de la Sra. Gómez?

_____

¿Cómo se dice?

Nombre _____

A. You have invited some friends to your house. Where are they now?
Complete each sentence with *está* or *están.*

Ⓜ Lupe _____ **está** _____ en la sala de estar.

3. Sara _____ en la sala de estar.

4. Inés y Luis _____ en el comedor.

1. José y Paco _____ en el patio.

5. María _____ en el despacho.

2. Diego _____ en la cocina.

B. Your mother wants to know where everyone is. Complete each question and answer.

Ⓜ P: Lupe, ¿dónde _____ **están** _____ Sara y tú?

R: Nosotras _____ en la sala de estar.

1. P: Diego, ¿dónde _____ tú?

R: Yo _____ en la cocina.

2. P: José y Paco, ¿dónde _____ ustedes?

R: Nosotros _____ en el patio.

3. P: María, ¿dónde _____ tú?

R: Yo _____ en el despacho.

4. P: Inés y Luis, ¿dónde _____ ustedes?

R: Nosotros _____ en el comedor.

Nombre _____

C. Where are you and your friends at different times of the day? Are you in Spanish class, at the gym, in your room at home? Answer in your own words, using *siempre* or *a veces*.

M ¿Dónde estás a las cinco de la mañana?

Siempre estoy en mi dormitorio. _____

1. ¿Dónde están tus amigos y tú a las cinco y media de la tarde?

   _____

2. ¿Dónde estás a las diez y cuarto de la mañana?

   _____

3. ¿Dónde están tus amigos y tú a las dos de la tarde?

   _____

4. ¿Dónde estás a las ocho de la noche?

   _____

5. ¿Dónde están tus amigos y tú a las once y media de la noche?

   _____

6. ¿Dónde estás a las cuatro de la tarde?

   _____

7. ¿Dónde está tu amigo o tu amiga a las nueve de la mañana?

   _____

8. ¿Dónde están tus amigos o tus amigas a las siete de la noche?

   _____

Nombre _____

D. The Luna family members are trying to spend a quiet day at home! Write a sentence about each picture, using *dentro de* or *fuera de.*

M Simón y el flamenco están dentro del cuarto

de baño.

1.

_____

_____

2.

_____

_____

3.

_____

_____

4.

_____

_____

¡A leer!

Nombre _____

Las casas del mundo

¿Cuántos tipos de casas hay en tu comunidad? Seguramente hay casas de un piso, de dos pisos, edificios de apartamentos, etc. Algunos son de madera y otros son de ladrillos. En otros lugares del mundo, las casas son diferentes.

En algunos lugares muy fríos, como Alaska, ¡hay casas de hielo! Se llaman "iglúes". En Nueva Guinea, hay casas en el agua, con pilotes muy largos. En algunos lugares de África, hay chozas, que son casas de barro y con techos de paja. En Europa hay castillos, casas de piedra muy grandes que tienen muchos años. En algunos lugares de Asia, la gente vive en botes de madera.

Nota:
Madera means "wood."
Pilotes means "stilts."
Barro means "mud."
Paja means "straw."
Piedras means "stones."

Fill in this chart with the places mentioned and the types of houses built there. Don't forget to include your own community!

Lugar	Tipo de casa	Material

Nombre _____

CONEXIÓN CON LA CULTURA

Here are some pictures of two traditional types of housing from two Spanish-speaking countries. The first is a *caserío,* a typical country house from the Basque region in Spain. The second is a Mexican *rancho,* a very different type of country house. Look at the model and write sentences comparing these two types of housing:

el caserío

el rancho

1. El caserío es más alto que el rancho. _____

2. _____

3. _____

4. _____

 **¡APRENDE MÁS!**   Nombre _____

Onomatopoeia is a long word that means "naming a sound with a word that is pronounced like the sound." For instance in English, the words *buzz* and *hiss* are examples of onomatopoeia. The Spanish language also has words that stand for sounds.

Read the column of words on the left and the description of sounds on the right. How quickly can you match the descriptions to the word? One has been done for you.

_____C_____ ¡Toc!

_____ ¡Ruum, ruum!

_____ ¡Cataplún!

_____ ¡Buaah! ¡Buaah!

_____ ¡Zas!

_____ ¡Guau-guau!

A. the sound of motor revving up

B. the sound of a young child crying loudly

C. the sound of a paddle when it hits a ping-pong ball

D. the sound a barking dog makes

E. the sound a big object makes when it falls over or is dropped

F. the sound of something going on by very fast

Now, make a drawing of one of the situations above. Use a speech bubble to show the sound made.

 ¡A DIVERTIRSE!

Nombre _____

¿Dónde está el perro?

Sultán, the dog, loves rainy days and mud puddles. He has run into the house and has tracked mud all over! Help his owner find him by following the trail of paw prints. Write a sentence for each room he has run through.

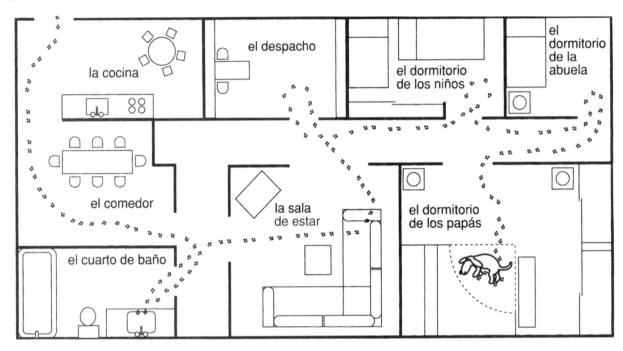

1. **Está en la cocina.** _____

2. _____

3. _____

4. _____

5. _____

6. _____

7. _____

8. _____

¿Cómo se dice?

Nombre _____

A. To learn the vocabulary words, you want to put signs all over the living room. What will you write on each sign?

el retrato

1.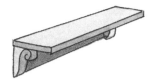

_____

5.

_____

2.

_____

6.

_____

3.

_____

7.

_____

4.

_____

8.

_____

¿Cómo se dice?

Nombre _____

A. What do you have in your living room and bedroom? First, make a list for each room. Then write two sentences about each room.

M En mi dormitorio hay dos carteles, una cama, un tocador, un ropero y _____

una alfombra. _____

La sala de estar

_____

_____

_____

Mi dormitorio

_____

_____

_____

¡Piénsalo!

How quickly can you answer these questions?

1. Name three things in a bedroom or living room that run on electricity.

_____

2. Name three things that you can put on a wall.

_____

¿Cómo se dice?   Nombre _____

A. Marcia never puts her clothes away. They are scattered all over the place!
Complete the sentence using *cerca, lejos, delante,* or *detrás.*

M

Los zapatos están ____**detrás**____ del sofá.

1.

La falda está _____ del ropero.

2.

Los calcetines están _____ del televisor.

3.

La bata está _____ de la puerta.

4.

Los zapatos están _____ del radio.

5.

El pijama está _____ de la cama.

Nombre _____

B. You are describing to Marcia where her belongings are. Write sentences telling where each item is.

M Tu impermeable / lejos de / ropero

Tu impermeable está lejos del ropero. _____

1. Tu abrigo / delante de / estantería.

_____

2. Tu traje de baño / detrás de / cama.

_____

3. Tus camisetas / lejos / estéreo.

_____

4. Tu vestido / cerca de / radio.

_____

C. Do you always put your clothes away or do you scatter them around? Answer the questions in your own words, using *cerca de, lejos de, delante de,* or *detrás de.*

1. ¿Dónde están tus zapatos?

_____

2. ¿Dónde está tu chaqueta?

_____

3. ¿Dónde están tus camisetas?

_____

¿Cómo se dice?

Nombre _____

A. A family friend, Señor Ojeda, has just moved to a new apartment. Help him finish his list of where his belongings are. Complete the sentence using *el, los, la,* or *las.*

M __La__ cama está en __el__ dormitorio.

1. _____ sillas azules están en _____ balcón.

2. _____ cartel grande está en _____ despacho.

3. _____ sillones están cerca de _____ ventanas en _____ sala de estar.

4. _____ estéreo está en _____ comedor.

5. _____ radio pequeño está en _____ cocina.

6. _____ lápices negros están en el escritorio.

7. _____ peces están en _____ mesita cerca de _____ pared.

8. _____ mapas están en _____ estante detrás de _____ libros.

¡Piénsalo! ~~~~~~~~~~~~~~~~~~~~~~~~~~~

Now that you know some rules for identifying masculine and feminine words, you can even identify words that are unfamiliar to you. Try it! Circle the masculine words and draw a box around the feminine words in the sentences.

1. Las flores rojas están en el rosal de la hacienda.

2. El acuario grande está cerca de las macetas en la terraza.

3. Los casetes están detrás de la grabadora.

4. El delfín y la ballena no son peces; son mamíferos.

Nombre _____

B. You want to get a gift for a classmate. You need to find out what his or her room is like. Choose a classmate. Ask him or her the questions and write down the answers. Then draw a picture of your friend's room according to the answers.

Preguntas

1. ¿Cómo es tu dormitorio?

2. ¿De qué color son las paredes?

3. ¿De qué color es la alfombra?

4. ¿Qué muebles hay en tu dormitorio?

5. ¿Qué tienes en tu dormitorio? (¿Un radio? ¿Un televisor? ¿Una estantería con libros? ¿Un espejo grande?)

1. _____

2. _____

3. _____

4. _____

5. _____

¡A leer!

Nombre _____

Consejos para estudiar

¿Estudias en tu dormitorio? Es importante tener un escritorio grande y una silla cómoda. Debes poner el escritorio cerca de la ventana. Es muy bueno leer con la luz del sol. Es importante tener una lámpara para leer cuando no hay luz del sol.

Poner los libros sobre un fondo amarillo es bueno para estudiar. Pintar las paredes de colores claros, como el blanco o el rosado, ayuda a relajar los ojos. Es muy importante estar lejos del televisor, el radio y otros ruidos. Debes estudiar una hora y caminar por la casa durante diez minutos.

Make a list of all the things you need to do to study properly.

- tener un escritorio grande y una silla cómoda

- _____

- _____

- _____

- _____

- _____

- _____

- _____

Nombre _____

CONEXIÓN CON LAS MATEMÁTICAS

Look at this floor plan. What do you need to do in order to calculate how much carpeting you need to cover all the rooms (not the kitchen and the bathroom!). And what do you need to tell how much it will cost? First, find the area of each room. Add the areas and then find how much you will need to spend if the carpeting is $20 per square meter, $25 per square meter, or $30 per square meter.

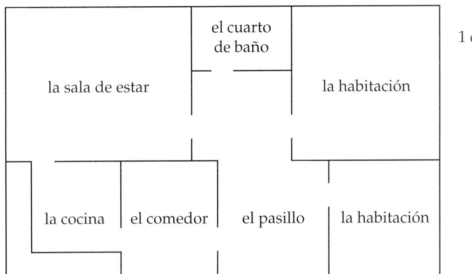

1 cm. = 1 m.

Write the area of each room.

La sala de estar mide _____ **veinte metros cuadrados** _____.

La habitación pequeña mide _____.

La habitación grande mide _____.

Las tres cuartos miden _____.

Write how much you need to pay for carpeting at each price.

$25 por metro cuadrado = _____

$30 por metro cuadrado = _____

$35 por metro cuadrado = _____

Expresa tus ideas

Nombre _____

The members of the Explorers' Club have volunteered to help señorita Aventura move into her new home. Are they doing a good job? Write at least eight sentences about the picture.

_____

_____

_____

_____

_____

_____

_____

_____

_____

¡A DIVERTIRSE!

Nombre _____

Busca las palabras

Read each sentence. Look in the puzzle for the words in heavy black letters. Each word may appear across or down in the puzzle. When you find a word, circle it. One has been done for you. The letters that are not circled form a secret word. Write the word on the line below the puzzle.

1. ✓ Los **sofás son** mis **muebles** favoritos.

2. El **cartel** feo **está** detrás del **espejo**.

3. La **almohada** está **lejos** de la **cama**.

4. El **teléfono** está en el **balcón**.

5. El **sillón** en la **sala** de estar está **cerca** de la pared.

```
S   M   U   E   B   L   E   S   L   E   J   O   S
O   L   B   O   A   E   S   P   E   J   O   E   C
F   O   T   E   L   É   F   O   N   O   C   S   E
Á   S   O   N   C   A   R   T   E   L   A   T   R
S   I   L   L   Ó   N   N   I   T   O   M   Á   C
S   A   L   A   N   A   L   M   O   H   A   D   A
```

La palabra secreta: _____

¿Cómo se dice?

Nombre _____

A. You have been invited to Germán's house for lunch. You want to help set the table, but you don't know where anything is! Complete Germán's answers to your questions.

M ¿Dónde están los platos?

Están en  .

el lavaplatos _____

1. ¿Dónde están los tenedores y los cuchillos?

   Están en .

   _____

2. ¿Dónde están los vasos?

   Están en  .

   _____

3. ¿Dónde está el jugo?

   Está en .

   _____

4. ¿Dónde está la sal?

   Está en .

   _____

5. ¿Dónde está la sopa?

   Está en .

   _____

6. ¿Dónde está el pollo?

   Está en . ¡Cuidado, está muy caliente!

   _____

¿Cómo se dice?

Nombre _____

A. Margarita loves to make up brain teasers. How quickly can you complete her sentences? Choose a word from the lists to complete each sentence. (There are more words than sentences.)

el refrigerador	la licuadora	la cocina	el gabinete
la batidora eléctrica	la bombilla	el enchufe	la lata
el fregadero	el abrelatas	✓ el horno	la caja

M Hago un pastel en _____**el horno**_____.

1. Para tener luz necesitas _____.

2. Abro las latas con _____.

3. Lavo los platos en _____.

4. Uso el horno de microondas en _____.

5. Hay cuatro cajas en _____.

¡Piénsalo! ～～～～～～～～～

What items go together? Draw a line from the picture in the first column to the object that goes with it.

¿Cómo se dice?

Nombre _____

A. You are taking a survey to find out how many of your neighbors cook well. What questions do you ask? How do they answer you? Use the right form of *cocinar* to complete the question and the answer.

M P: Sr. López, ¿usted _____ cocina _____ bien?

R: Sí, yo _____ cocino _____ muy bien.

1. P: Luis y Ana, ¿ustedes _____ bien?

   R: No, nosotros no _____ bien.

2. P: Sra. López, ¿José _____ bien?

   R: No, él no _____ bien.

3. P: Inés y Rita, ¿ustedes _____ bien?

   R: Sí, nosotros _____ muy bien.

B. You are amazed to find out what else you neighbors can do. Answers according to the faces.

M P: ¡Enrique! ¿Cantas mucho?

R: 🙂 **Sí, yo canto mucho.**

1. P: ¡Ema y Elsa! ¿Bailan mucho?

   R: 🙂 _____

2. P: ¡Señora Parra! ¿Estudia mucho José?

   R: 🙂 _____

3. P: ¡Don Alberto y Don Alfredo! ¿Patinan mucho?

   R: 🙂 _____

Nombre _____

B. What do you and your friends do? Answer the question in your own words.

M ¿Miras mucho la televisión?

No, no miro mucho la televisión. _____

1. ¿Miran mucho la televisión tus amigos?

_____

2. ¿Bailan mucho tus amigos y tú?

_____

3. ¿Tus amigos y tú usan mucho las computadoras?

_____

4. ¿Practicas muchos deportes?

_____

5. ¿Estudian mucho tus amigos y tú?

_____

¡Piénsalo!

What is your opinion?

¿Quiénes cocinan muy bien, los hombres o las mujeres?

_____

_____

¿Cómo se dice?　　　Nombre _____

A. You are in bed with the flu, but you can hear that many things are happening in your house. You ask your sister Mariana what is going on. Can you write her answers?

M ¿Quién come? (Mamá y Marina) _____ **Ellas comen.** _____

1. ¿Quién corre? (Diego y Pablo) _____

2. ¿Quién bebe? (Susi y Adrián) _____

3. ¿Quién aprende a comer? (Laurita) _____

4. ¿Quién come? (Mariana) _____

B. Sometimes you must do certain activities first (*primero*) and then (*luego*) you can do others. Complete the sentence using the right form of the word in parentheses.

M Primero, _____ **abrimos** _____ (abrir) el libro; luego, leemos el libro.

1. Primero, uso el enchufe; luego, _____ (abrir) las latas.

2. Primero, la maestra _____ (escribir) la pregunta; luego, nosotros

   _____ (escribir) la respuesta.

3. Primero, ustedes _____ (recibir) la carta; luego,

   _____ (abrir) y leen la carta.

4. Primero, ellos _____ (aprender) a cocinar; luego,

   _____ (abrir) las cajas de huevos.

Nombre _____

C. Where do you and your friends do different activities? Write the answers in your own words.

M ¿Dónde lees en la escuela, en la biblioteca o en el salón de clase?

A veces leo en la biblioteca. *or* **Siempre leo en el salón de clase.**

_____

1. ¿Dónde lees en tu casa, en la sala de estar, en el patio o en tu dormitorio?

_____

2. ¿Dónde leen tus amigos, en la escuela, en la casa o en la biblioteca?

_____

3. ¿Dónde comen tus amigos y tú, en el comedor, en la sala de estar o en la cocina?

_____

4. ¿Dónde aprendes más, dentro de la escuela o fuera de la escuela?

_____

5. ¿Dónde aprenden mucho tus amigos, en la escuela, en el cine o en la casa?

_____

6. ¿Dónde vives, en una casa o en un apartamento?

_____

7. ¿Dónde escriben tus amigos en la escuela, en un cuaderno o en la computadora?

_____

8. ¿Dónde recibe tu familia muchas cartas, en el buzón o en la computadora?

_____

¡A leer!

Nombre _____

Read the text below and then answer the questions.

Mi cuarto favorito

La cocina es mi cuarto favorito. Hay una ventana grande y unas cortinas muy bonitas. En la mesa de la cocina como, leo y estudio. Mi mamá y mi papá me ayudan con la tarea. Mi papá prepara el desayuno y mi mamá prepara la cena. Todos comemos juntos en familia.

Lo que más me gusta es la puerta del refrigerador. Ahí mi mamá pone mis exámenes y los dibujos de mis hermanitos. También me gusta el horno. Mi abuela cocina unas galletas de chocolate deliciosas en el horno. Y prepara licuados de plátano y de fresa en la licuadora.

1. ¿Qué hay en la cocina?

_____

_____

2. ¿Qué hace el escritor en la cocina?

_____

3. ¿Quién prepara el desayuno?

_____

4. ¿Quién prepara la cena?

_____

5. ¿Quién prepara galletas y licuados?

_____

On a separate piece of paper, make a drawing of the kitchen described in the text. Be sure to include all the objects mentioned.

Nombre _____

CONEXIÓN CON LA CULTURA

Here is the recipe for a very popular Spanish dish: *la tortilla española.* It is very easy to prepare, and it is delicious! And it can be eaten on almost any occasion. You can eat it for breakfast, lunch or dinner, take it on trips to the beach or the mountains as a snack, or bring it to birthday parties! Look at this step-by-step explanation of how to prepare it.

Now write sentences to explain how to make a *tortilla*. Mention the objects you use, the ingredients and the process. Use the words in the box. Remember, you can combine the verb *necesitar* with another verb. Follow the example.

> **You will need to use these new words: La sartén** means "frying pan."
> **El aceite** means "oil." **La cebolla** means "onion."

1. Necesito comprar papas. _____

2. _____

3. _____

4. _____

5. _____

6. _____

⚙ ¡APRENDE MÁS! ⚙

Nombre _____

A word that is made up of two words is called a **compound word.** In this unit, you have learned the compound word *el abrelatas* (literally, "opens cans").

Sometimes, if you know or if you can guess one part of a compound word, you can guess the meaning of the whole word. Look at the list of compound words and the list of literal meanings. Then look at the pictures. First, draw a line from the compound to its literal meaning in English, Then draw a line from the literal meaning to the picture. One has been done for you.

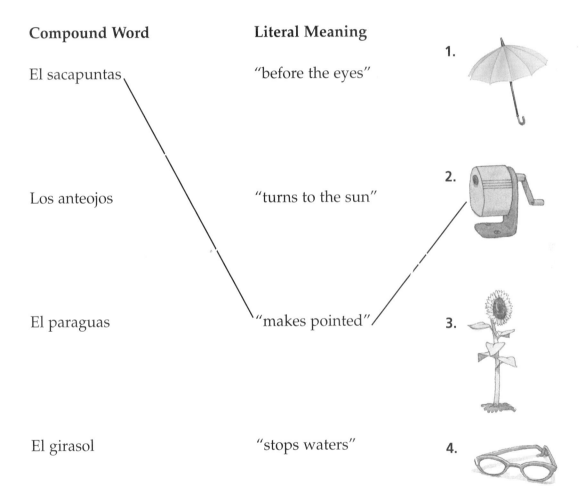

Compound Word

El sacapuntas

Los anteojos

El paraguas

El girasol

Literal Meaning

"before the eyes"

"turns to the sun"

"makes pointed"

"stops waters"

1.

2.

3.

4.

¡A DIVERTIRSE!

Nombre _____

Escribe tus propias historietas

Write your own comics! What is the person in each drawing saying? Write a
sentence according to the picture.

Yo leo el libro.

Yo abro la ventana.

Yo abro el horno.

Yo cocino muy bien.

Yo abro la boca.

Un poema

Read and learn this poem.

> Uno, dos, tres, cho-
> Uno, dos, tres, co-
> Uno, dos, tres, la-
> Uno, dos, tres, te.
> Chocolate, chocolate.
> Bate, bate el chocolate.

Nombre _____

A. Let's look in on your friend Arturo's birthday party. Where is everyone?
Answer the questions according to the picture.

 ¿Quién está cerca de la lámpara?

Paula está cerca de la lámpara.

1. ¿Quién está fuera de la casa?

   _____

2. ¿Quiénes están detrás del sofá?

   _____

3. ¿Quién está delante de la ventana?

   _____

4. ¿Quiénes están detrás del sillón?

   _____

5. ¿Quién está cerca del retrato?

   _____

Nombre _____

B. Enriqueta is writing a letter to her key pal. Help her finish the letter. Choose a word from the list to complete each sentence.

lámparas   estudias   muebles
estoy   ✓casa   estudiamos
sillones   comemos   fuera

¡Hola!

Mi _____casa_____ tiene diez habitaciones. Hay muchos

_____ en la sala. Tenemos el televisor, la videocasetera,

el sofá, la estantería y dos _____.

A veces mi hermano y yo _____ en el despacho de

mi papá. Hay dos escritorios y dos _____ con

bombillas grandes. ¿Dónde _____ tú?

Mi familia y yo siempre _____ en la cocina. No

hay comedor. En el verano, yo siempre _____ en el patio

de la casa. Me gusta mucho estar _____ de la casa.

¿Por qué no me escribes?

Tu amiga,

Enriqueta

Nombre _____

C. You are spending the day with the Solano family. What is everyone doing? Write a sentence describing what's happening in each picture.

M Mariela y el papá

Ellos abren la puerta. _____

1. Jorge

_____

4. Los tíos y su hija

_____

2. Rita

_____

5. Daniel

_____

3. Ana, Luis y Raúl

_____

6. Raquel y yo

_____

Nombre _____

D. Alejandro has made up a rebus story for you to read. Write the labels in the blanks according to the pictures.

Mi hermano y yo estamos en el dormitorio. Hay dos **M**  y dos

 **(1)** ___ . **(2)**  es grande. Yo tengo **(3)**  en la pared. Mi

hermano tiene dos **(4)** . **(5)** 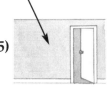 son amarillas. **(6)**  es

amarilla también. **(7)**  y **(8)** son rosados. ¡Qué terrible!

M ___camas___   3. _____   6. _____

1. _____   4. _____   7. _____

2. _____   5. _____   8. _____

Nombre _____

E. What do you and your classmates always, sometimes, or never do? Write an answer to each question, using *siempre, a veces,* or *nunca.*

M ¿Comen en el techo de la escuela?

Nunca comemos en el techo de la escuela.

1. ¿Estudian fuera de la escuela?

   _____

2. ¿Comprenden las lecciones en la clase de ciencias?

   _____

3. ¿Viven en un jardín?

   _____

4. ¿Reciben cartas en la chimenea?

   _____

5. ¿Cocinan en la cocina de la escuela?

   _____

6. ¿Leen sus libros en el gimnasio?

   _____

7. ¿Comen en el sótano de la casa?

   _____

8. ¿Miran la televisión los sábados?

   _____

Nombre _____

F. What is your favorite room at home? Draw a picture of your favorite room and then describe it by writing at least five sentences.

_____

_____

_____

_____

_____

_____

_____

¿Cómo se dice?

Nombre _____

A. Nora y Natán are twins. They do everything together—even their chores!
What are they doing this week? How do they answer your questions? Write a
sentence for each question you ask.

lunes	martes	miércoles	jueves	viernes	sábado	domingo
barrer el piso	sacar la basura	pasar la aspiradora	quitar el polvo	regar las plantas	limpiar el piso	limpiar la casa

M ¿Cuándo quitan el polvo?

Quitamos el polvo el jueves. _____

1. ¿Cuándo sacan la basura?

   _____

2. ¿Cuándo limpian el piso?

   _____

3. ¿Cuándo barren el piso?

   _____

4. ¿Cuándo pasan la aspiradora?

   _____

5. ¿Cuándo riegan las plantas?

   _____

6. ¿Cuándo limpian la casa?

   _____

¿Cómo se dice?   Nombre _____

A. Your tía Loreta loves to meddle in your things when she comes for a visit, but tries to be polite about it. What questions does she ask? Complete each question.

M El estante tiene mucho polvo. ¿Vas a _____ quitar el polvo _____?

1. Tu ropa no está en el ropero. ¿Vas a _____?

2. El patio está muy sucio. ¿Vas a _____?

3. Hay libros y muchos papeles en la alfombra. ¿Vas a _____?

4. Tus vestidos están sucios. ¿Vas a _____?

5. Tus vestidos están mojados *(wet)*. ¿Vas a _____?

6. Tu ropa está arrugada *(wrinkled)*. ¿Vas a _____?

B. You've decided to accept tía Loreta's offer to help you clean your house. Answer her questions, so she can help you.

1. ¿Con qué vas a limpiar el piso del baño?

   Con el trapeador, ¡por supuesto! _____

2. ¿Con qué vas a lavar la ropa?

   _____

3. ¿Con qué vas a secar la ropa?

   _____

4. ¿Con qué vas a planchar la ropa?

   _____

¿Cómo se dice?

Nombre _____

A. It's a busy week for your neighbors, the Velázquez family. Everyone has chores to do! Write sentences according to the calendar.

lunes	martes	miércoles	jueves	viernes	sábado	domingo
Papá—lavar y secar la ropa	Mamá—quitar el polvo y pasar la aspiradora	Yo—recoger las cosas y colgar la ropa	Luisa—barrer el piso	Carlitos—regar las plantas	Toda la familia—limpiar la casa	Luisa y yo—ir a la fiesta de Diego

M Es jueves. _____ **Luisa tiene que barrer el piso.** _____

1. Es lunes. _____

2. Es viernes. _____

3. Es martes. _____

4. Es sábado. _____

5. Es miércoles. _____

6. Es domingo. _____

Nombre _____

B. Imagine that you are a reporter. You are taking a survey of five students to find out what chores they have to do. First, ask your questions and record the names of the people who answer *sí*. Then write a summary of your findings.

M P: María, ¿tienes que colgar la ropa?   R: Sí.

colgar la ropa _____**María**_____

1. sacar la basura _____

2. recoger las cosas _____

3. colgar la ropa _____

4. regar las plantas _____

5. planchar la ropa _____

Ejemplo: Cuatro alumnos tienen que sacar la basura. Tres alumnos tienen que recoger las cosas. Cinco alumnos tienen que colgar la ropa.

_____

_____

_____

_____

_____

_____

_____

¿Cómo se dice?

Nombre _____

A. Your brother wants to know if your family is going to watch television. (He wants to take a nap in peace and quiet!) Everyone has just finished their chores. Answer the questions, using the words in parentheses.

M Hugo, ¿vas a mirar la televisión? (escribir una carta)

Sí, acabo de escribir una carta. _____

1. Rolando y Bernardo, ¿van a mirar la televisión? (limpiar el garaje)

_____

2. Rebeca, ¿vas a mirar la televisión? (lavar la ropa)

_____

3. Bernardo, ¿va a mirar la televisión mamá? (sacar la basura)

_____

4. Patricia, ¿van a mirar la televisión los abuelos? (regar las plantas)

_____

5. Pati, ¿vas a mirar la televisión? (pasar la aspiradora)

_____

Nombre _____

B. It's Saturday afternoon. Paco and Felipe just got home. They ask their father if they have to do any chores. What does he say? Write their questions, as well as their father's answers. Use the words given and the correct forms of *tener que* and *acabar de.* Follow the model.

M Paco y Felipe / limpiar la cocina ___**¿Tenemos que limpiar la cocina?**___

No (yo) _____**No, yo acabo de limpiar la cocina.**_____

1. Felipe / barrer el piso del baño _____

Sí, _____

2. Paco y Felipe / lavar la ropa _____

No (mamá) _____

3. Paco y Felipe / regar las plantas _____

No (Ana y Hernán) _____

4. Paco / sacar la basura _____

Sí, _____

¡Piénsalo! ∼∼∼∼∼∼∼∼∼∼∼∼∼∼∼∼∼∼∼∼∼

What activities do you do with certain objects or with certain people? Choose four activities from the list and write sentences. Use the word *con.*

caminar a la escuela   escribir una carta   ir al cine
barrer el piso   lavar la ropa   comer el chocolate
abrir una lata   correr a la tienda   lavar los platos

1. _____

2. _____

3. _____

4. _____

¡A leer!

Nombre _____

Read the text and complete the activity below.

Hora de limpiar

¿No te gusta ordenar tu dormitorio? Ordenar y limpiar no es divertido, pero es importante. Si tu dormitorio está muy sucio, necesitas dos bolsas. Primero tienes que recoger la basura y ponerla en una bolsa. Luego, tienes que recoger la ropa sucia, ponerla en otra bolsa y lavarla en la lavadora. También tienes que hacer la cama con sábanas limpias (y poner las sucias en la lavadora).

   Luego tienes que quitar el polvo de los muebles con un trapo o plumero. Después, tienes que limpiar el piso. Tienes que barrer el piso y pasar un trapo o trapeador. Si tienes alfombra, tienes que pasar la aspiradora.

Write a list of all the things you have to do to clean your bedroom, using the correct form of *tener que.*

1. _____

2. _____

3. _____

4. _____

5. _____

Nombre _____

CONEXIÓN CON LOS ESTUDIOS SOCIALES

As you know, many towns have cleaning campaigns to help protect the environment. Maybe there are campaigns like these where you live. But you can also create your own initiative!

You and your partners are going to design a cleaning campaign for your community. First, you must think of a place that needs cleaning (a park, a beach, a lake, a street, etc.). Then, design the campaign: when it will take place, what people need to bring, who will be involved (for example, students in your school, their families, people in your neighborhood).

Finally, come up with a catchy slogan for the campaign, in Spanish. Fill in the blanks below, and draw a leaflet for your campaign. The class can then vote for their favorite campaign and make posters. Then, it's cleanup time!

Campaña de limpieza

Lugar: _____

_____

Días: _____

_____

Eslogan: _____

_____

Quién va a participar: _____

_____

Cosas que tienen que traer: _____

_____

Expresa tus ideas

Nombre _____

The Explorers' Club members have to get ready for their "Open House." No one will want to join the club if the meeting place looks like a rat's nest! Write a conversation among club members.

_____

_____

_____

_____

_____

_____

_____

_____

_____

 ¡A DIVERTIRSE!

Nombre _____

Un crucigrama de quehaceres

⁴L I M ⁵P I A R

Horizontales

4. Voy a _____ el piso con el trapeador.
7. ¿Vas a _____ las plantas?
9. Mi cuarto está muy _____.
11. ¿Usas un _____ para quitar el polvo?
12. ¿Cuándo tienes que _____ la ropa sucia?
13. Voy al cine _____ mis amigos.
14. Yo _____ de sacar la basura.
15. _____ (tú y yo) tenemos que caminar lejos.
16. Plancho la _____ los sábados.

Verticales

1. Voy a lavar y _____ la ropa.
2. Tengo que _____ el patio.
3. Uso la _____ para planchar.
4. ¡Por fin! El patio está _____.
5. Camino en el _____ dentro de la casa.
6. Hay mucho _____ en los muebles.
8. Barremos con una _____.
10. Acabas de _____ la ropa.
11. Yo _____ que recoger mis cosas.

¿Cómo se dice?

Nombre _____

A. Six people will be eating at your house tonight. You are setting the table, but some things are missing. Write what you can see on the table, so you can know what is missing.

M _____ Hay seis platos. _____   _____

_____   _____

_____   _____

Now write what items are needed to complete the table settings. Use the verb *necesitar.*

_____

_____

_____

_____

¿Cómo se dice?

Nombre _____

A. Your mom has prepared a big bowl of fruit as a centerpiece for the dining room table. Color the picture and answer the questions.

1. ¿De qué color son las uvas?

_____

2. ¿De qué color son las manzanas?

_____

3. ¿De qué color es la piña?

_____

4. ¿De qué color son las fresas?

_____

5. ¿De qué color son las naranjas?

_____

6. ¿De qué color son las cerezas?

_____

7. ¿De qué color son las peras?

_____

8. ¿De qué color son los plátanos?

_____

¿Cómo se dice?　　　Nombre _____

A. Your family's carpeting is being steam-cleaned. Everyone is scurrying to put things in other rooms! Complete the sentence, using the correct form of *poner.*

M Yo _____ pongo _____ el mantel en la sala de estar.

1. Mamá _____ los platos en el tocador.

2. Los niños _____ los vasos en la estantería de la sala de estar.

3. Papá y Gerardo _____ las tazas en la cocina.

4. Verónica y yo _____ la mesa en el sótano.

5. Esperanza _____ las servilletas en el sillón.

6. Yo _____ las sillas en el patio.

7. Papá y mamá _____ la alfombra en el jardín.

8. Antonito _____ las cucharas en los zapatos. ¡Qué niño!

¡Piénsalo! ~·~·~·~·~·~·~·~·~·~·~·~·~·~·~·~·~·~

Answer the question below with a complete sentence (tell the truth!)

¿Cuándo pones la mesa en tu casa? ¿Siempre, a veces, o nunca?

_____

Nombre _____

B. Until the dining room carpeting dries out, your family will eat on a picnic table in the yard. Who is bringing things to the table? Write a sentence, using *traer* and the words in parentheses.

M ¿Qué traen los niños? (el mantel y las servilletas)

Ellos traen el mantel y las servilletas. _____

1. ¿Qué traes tú? (los platillos)

   _____

2. ¿Qué trae tu papá? (una sandía grande)

   _____

3. ¿Qué traen Gerardo y Verónica? (los vasos y los platos)

   _____

4. ¿Qué traes tú? (los tenedores y los cuchillos)

   _____

5. ¿Qué traen Esperanza y tú? (la crema y el azúcar)

   _____

6. ¿Qué trae Antonito? (una almohada grande)

   _____

Nombre _____

C. Each night this week your family will have guests for dinner. You and your friends help set the table. Complete the first sentence, using a form of *poner*. Complete the second sentence with a form of *traer*.

M Seis personas van a comer.

    a. Yo _____**pongo**_____ dos tazas en la mesa.

    b. María _____**trae**_____ cuatro tazas más.

1. Quince personas van a comer.

    a. Armando _____ una cuchara en la mesa.

    b. Yo _____ catorce cucharas más.

2. Diez personas van a comer.

    a. Tú _____ tres vasos en la mesa.

    b. Raquel _____ siete vasos más.

3. Veinte personas van a comer.

    a. Eduardo _____ ocho platos en la mesa.

    b. Nosotros _____ doce platos más.

4. Dieciocho personas van a comer.

    a. Mari y Rita _____ nueve platillos en la mesa.

    b. Raúl y Marcos _____ nueve platillos más.

¿Cómo se dice?

Nombre _____

A. Sra. Álvarez is taking a survey of her students. How do you answer her questions?

M ¿Dónde pones tus libros, debajo de tu pupitre o en tu pupitre?

Pongo mis libros debajo de mi pupitre. _____

1. ¿Dónde pones tu ropa sucia, debajo de tu cama o en tu tocador?

   _____

2. ¿Dónde pones tus cuadernos y tus lápices, en tu pupitre o debajo de tu pupitre?

   _____

3. ¿Dónde pones un plato sucio, debajo del sofá o en el fregadero?

   _____

4. ¿Dónde pones tu ropa limpia, en la cama o en el tocador?

   _____

5. ¿Dónde pones tus zapatos, en la mesa o en el ropero?

   _____

6. ¿Dónde pones tus calcetines, en el cajón o debajo del televisor?

   _____

7. ¿Dónde pones un platillo, debajo de una taza o en el horno?

   _____

¡A leer!

Nombre _____

Read the following text and answer the questions.

Cena con amigos

¿Tienes invitados a comer? Entonces tienes que poner la mesa bien.
Necesitas platos, vasos, tenedores y cuchillos. También tienes que poner
servilletas y un mantel bonito. Y cucharas para el postre.

   ¿Qué vas a cocinar? Tienes que pensar qué les gusta a tus invitados. El
pollo al horno con limón es fácil de cocinar. La pizza, también.

   De postre, es bueno comer frutas. Puedes preparar una ensalada de
frutas. Necesitas plátanos, manzanas, naranjas, uvas, fresas y otras (en cada
estación del año hay frutas diferentes).

> **Nota**
> **Postre** means "dessert."

1. ¿Qué necesitas para poner la mesa bien?

   _____

2. ¿Qué tienes que pensar para cocinar?

   _____

3. ¿Qué es fácil de cocinar?

   _____

4. ¿Qué puedes preparar de postre?

   _____

5. ¿En todas las estaciones del año hay todas las frutas?

   _____

Nombre _____

CONEXIÓN CON EL ARTE

Now you know what a still life is. In the box, draw your own still life. Include kitchen utensils and fruits. Draw at least eight objects. Then write sentences that describe the picture you've drawn. Finally, read your sentences to a partner, who will try to reproduce your picture in a separate piece of paper. Then, switch roles, listen to his or her sentences, and draw his or her picture. You can then compare your pictures to see how good the descriptions were.

These are expressions you can use to describe your picture:

Hay un/una . . .   Está sobre . . .
Está debajo de . . .   Está en . . .

_____

_____

_____

_____

_____

_____

¡APRENDE MÁS!

Nombre _____

Words in Spanish sometimes can have both a feminine form and a masculine form. Each form has its own meaning. With certain fruits, for example, one form stands for the fruit itself and the other form stands for the bush or tree on which the fruit grows. Also, by adding the letter **l (ele)** to the feminine form of the word, you can create a masculine word that stands for the area or land on which many of the trees or plants are grown. Look at the following example:

la cereza   el cerezo   el cerezal

The first word is feminine and it stands for the fruit you eat. The second word is masculine and it stands for the tree on which the fruits grows. The third word is masculine, too. It stands for the land, or orchard, in which many of the fruit trees grow.

Now examine the following examples. Then read the sentences below them. Circle the word *verdadero* if the sentence is possible and circle the word *falso* if the sentence is not possible.

la manzana   el manzano   el manzanal
la guayaba   el guayabo   el guayabal
la naranja   el naranjo   el naranjal

1. Como muchos naranjos en el invierno.   verdadero   falso

2. Hay un cerezo cerca de mi casa.   verdadero   falso

3. Hay muchos manzanales en Michigan.   verdadero   falso

4. A veces pongo los manzanos en la mesa.   verdadero   falso

5. Me gusta caminar en el guayabal.   verdadero   falso

 ¡A DIVERTIRSE! Nombre _____

La familia frutera

Test your artistic talent! What would the following cartoon characters be like? Draw the characters to match their names.

el señor Lucas Limón

la señorita Patricia Pera

Samuel Sandía

Nora Naranja

¿Cómo se dice?

Nombre _____

A. Your supermarket has lots of international clients. To help those who cannot speak English, the aisles have signs with pictures to help people find what they are looking for. Match the pictures with what they stand for. (Be aware: there are more words than pictures.)

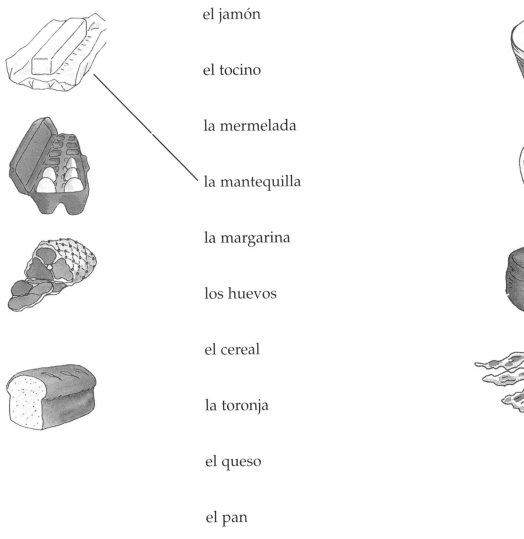

el jamón

el tocino

la mermelada

la mantequilla

la margarina

los huevos

el cereal

la toronja

el queso

el pan

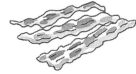

¿Cómo se dice?

Nombre _____

A. You like to eat breakfast in restaurants. The waitress at your favorite restaurant always gives you two choices. What will you eat today? Answer the question according to the picture.

M ¿Qué vas a tomar, huevos fritos o huevos revueltos?

Voy a tomar huevos fritos. _____

1. ¿Qué vas a tomar, jugo de naranja o leche?

_____

2. ¿Qué vas a tomar, avena o cereal?

_____

3. ¿Qué vas a tomar, café o chocolate?

_____

4. ¿Qué vas a tomar, una toronja o pan tostado?

_____

¿Cómo se dice?

Nombre _____

A. Your dad makes breakfast for you and your family every day. Every day he asks what you want to have, and how much you want. Look at the pictures and write the answers to his questions.

M Ana, ¿qué quieres de desayuno? ¿Cuánto quieres?

Quiero avena. Quiero poca avena.

1. Diego, ¿qué quieres de desayuno? ¿Cuánto quieres?

_____

2. Juan y María, ¿qué quieren de desayuno? ¿Cuánto quieren?

_____

3. María, ¿qué quiere Susi de desayuno? ¿Cuánto quiere?

_____

4. Andrea, ¿qué quieres de desayuno? ¿Cuánto quieres?

_____

5. Andrea, ¿qué quiere tu mamá de desayuno? ¿Cuánto quiere?

_____

Nombre _____

B. You are a very good child, and you always ask permission to do things. You also ask for help, sometimes. Complete the sentences with the correct form of *poder.*

M Mamá, ¿_____**puedo**_____ ir hoy a la casa de Silvia?

Sí, _____**puedes**_____ ir a la casa de Silvia.

1. Mamá, ¿_____ ir tú y yo a la tienda luego?

No, hoy no _____ ir a la tienda, estoy muy ocupada.

2. Papá, ¿_____ venir conmigo a la tienda hoy?

Sí, _____ ir contigo.

3. Papá, ¿_____ entrar el perro en la casa?

No, el perro no _____ entrar en la casa.

4. Mamá, ¿_____ ir tú, papá y yo al cine esta noche?

Sí, _____ ir al cine esta noche.

5. Mamá, ¿_____ venir el perro al cine con nosotros?

¡No, el perro no _____ venir al cine con nosotros!

C. What things are you allowed to do at home? What things aren't you allowed to do? Write some sentences.

M **Puedo usar el televisor. / No puedo usar la estufa.** _____

1. _____

2. _____

3. _____

¿Cómo se dice?

Nombre _____

A. You are visiting Maria's school. Who is friends with whom? Answer each question according to the picture, using *mi*, *mis*, *su*, or *sus*.

M María, ¿quién es tu amiga?

Inés es mi amiga. _____

1. María, ¿quién es el amigo de Manuel?

_____

2. María, ¿quién es el amigo de Ana y Rosa?

_____

3. María, ¿quién es la amiga de Julio y Beto?

_____

4. María, ¿quiénes son los amigos de Juan?

_____

5. María, ¿quiénes son tus amigas?

_____

Nombre _____

B. Celia's baseball team, Los Leones, and Chucho's baseball team, Los Tigres, sponsored a potluck breakfast. Each team brought lots of tableware items, some new and some old. Now they have to sort them out. Read each list, so you can help them answer the questions.

Celia
Los Leones
manteles nuevos
tenedores viejos
tazas viejas
platos nuevos
vasos nuevos
cucharas viejas

Chucho
Los Tigres
manteles viejos
tenedores nuevos
tazas nuevas
platos viejos
vasos viejos
cucharas nuevas

M Celia, ¿son nuevos sus manteles?

Sí, nuestros manteles son nuevos. _____

1. Chucho, ¿son nuevos sus platos?

   _____

2. Celia, ¿son viejos sus tenedores?

   _____

3. Chucho, ¿son nuevas sus tazas?

   _____

4. Celia, ¿son viejos sus vasos?

   _____

5. Chucho, ¿son nuevos sus vasos?

   _____

6. Celia, ¿son viejas sus cucharas?

   _____

¡A leer!

Nombre _____

Read the following text and answer the questions.

El desayuno

Los médicos dicen que el desayuno es la comida más importante del día. ¿Quieres tomar un desayuno sano? Entonces tu desayuno tiene que ser nutritivo y balanceado. Tiene que ser bajo en grasas y tener mucha energía.

En los países de habla inglesa, el desayuno muchas veces tiene café o té (con o sin leche), jugos de frutas y pan tostado con mantequilla o mermelada. También tiene huevos (revueltos o fritos), jamón, tocino y queso. A veces tiene salchichas. Estas comidas tienen mucha energía, pero también tienen mucha grasa y tienes que tener cuidado. Comer mucha grasa es malo para tu cuerpo.

1. ¿Qué es el desayuno?

_____

2. ¿Cómo tiene que ser un desayuno sano?

_____

_____

3. ¿Es bueno comer mucha grasa?

_____

Draw a breakfast typical of English-speaking countries.

Nombre _____

CONEXIÓN CON LA SALUD

As you know, a balanced breakfast (**desayuno equilibrado**) gives you the energy you need to study, play, do sports, etc. A good breakfast must include carbohydrates, proteins and vitamins, in the following proportions: two-thirds carbohydrates, one-third vitamins, and one-third proteins.

Look at these different breakfast menus. Say what things they have too much or too little of. You can use the words *mucho* and *poco*. Look at the example.

Desayuno 1
2 huevos fritos
tocino
leche
queso

Tiene muchas proteínas y pocas

vitaminas. No tiene carbohidratos.

Desayuno 2
pan tostado
cereales
avena
jugo de naranja

_____

_____

Desayuno 3
1 manzana
1 pera
1 plátano
1 vaso de leche

_____

_____

Desayuno 4
jamón
pan tostado
toronja
leche

_____

_____

Expresa tus ideas

Nombre _____

The Explorers' Club is going on a field trip. Before the members leave, they stop for breakfast at señorita Aventura's house. Write at least eight sentences about the picture.

_____

_____

_____

_____

_____

_____

_____

_____

_____

_____

 ¡A DIVERTIRSE!

Nombre _____

Un deseo secreto

First, complete the missing word or words from each sentence. Then use the numbers to discover the secret wish.

1. A mí me gustan los huevos __ __ __ __ __ __ __ __ __ .
 1 2 3 4 5 6 7 8 9

2. __ __ __ __ __ __ __ __ vasos son verdes; sus vasos son rojos.
 10 11 12 13 14 15 16 17

3. __ __ quiero __ __ __ __ __ __ __ __ __ de fresas.
 18 19 20 21 22 23 24 25 26 27 28

4. ¿Tú no __ __ __ __ __ __ __ más __ __ __ __ __ __ con leche y azúcar?
 29 30 31 32 33 34 35 36 37 38 39 40 41

5. ¿__ __ __ __ __ vas a poner los huevos __ __ __ __ __ __ ?
 42 43 44 45 46 47 48 49 50 51 52

El deseo secreto:

¡__ __ __ __ __ __   __ __ __ __ __   __ __   __ __ __ __ __ __ __ __ __ !
29 4 49 12 38 19   7 16 23 28 1   5 41   27 39 52 26 18 30 10 51

Nombre _____

A. Every Saturday, your mother leaves you and your brother a list of chores to do. Occasionally, you lose track of time. Write sentences according to the list, using *tener que.*

```
 9:15 lavar la ropa
10:30 sacar la basura
11:00 recoger las cosas en sus dormitorios
 1:15 escribir cartas a sus primos
 2:30 pasar la aspiradora por la sala de estar
```

M ¡Son las nueve y cuarto! **Tenemos que lavar la ropa.** _____

1. ¡Son las diez y media! _____

2. ¡Son las once! _____

3. ¡Es la una y cuarto! _____

4. ¡Son las dos y media! _____

B. Your mother is asking you how you and your brothers and sisters are doing with your chores. What do you answer her?

M (yo / lavar la ropa) **Yo acabo de lavar la ropa.** _____

1. (Pablo y Diana / sacar la basura) _____

2. (nosotros / recoger las cosas) _____

3. (Marita / barrer el piso) _____

4. (José / pasar la aspiradora) _____

Nombre _____

C. Darío is trying to check off names on his list of people who are bringing food to the picnic. Unfortunately, he can't read his own writing! Answer each question according to the picture.

M Rosa, tú traes las uvas, ¿verdad?

No, Darío. Traigo la sandía. _____

1. Julio y Ema, ustedes traen las cerezas, ¿verdad?

_____

2. Sara, tú traes las piñas, ¿verdad?

_____

3. Hugo y Tonia, ustedes traen las toronjas, ¿verdad?

_____

Nombre _____

4. Adán y Saúl, ustedes traen los plátanos, ¿verdad?

_____

5. Diana, tú traes los duraznos, ¿verdad?

_____

D. **One last check! How do people answer Dario's questions? Answer the questions according to the picture on page 114.**

M ¿Quién trae las fresas?

_____ **Sara trae las fresas.** _____

1. ¿Quién trae la piña?

_____

2. ¿Quién trae las manzanas?

_____

3. ¿Quién trae las naranjas?

_____

4. ¿Quién trae la sandía?

_____

5. ¿Quién trae los limones?

_____

6. ¿Quién trae los plátanos?

_____

Nombre _____

E. It's time to play "Guess the Question!" Will you be champion of the day? After reading the answer (R), write the question (P).

M P: <u>¿Quieren Martín y León bailar con las maestras?</u>

R: No, Martín y León no quieren bailar con las maestras.

1. P: _____

   R: No, nosotros no queremos estudiar el sábado.

2. P: _____

   R: Sí, Carlos puede venir a casa.

3. P: _____

   R: Sí, mamá. Quiero poner la mesa.

4. P: _____

   R: Sí, ustedes pueden poner la mesa.

5. P: _____

   R: No, no queremos tomar el desayuno a las cinco.

6. P: _____

   R: No, no puedes comer una sandía.

7. P: _____

   R: ¡Claro que sí! Quiero leer diez libros en una semana.

8. P: _____

   R: ¡No! No puedo caminar diez kilómetros en una hora.

Nombre _____

F. You are calling your best friend. You have just received a long, long list of chores that you must do this weekend. What will your conversation be like? After reading the following conversation, write what you and your friend say.

Yo: ¡Ay, Julia! Acabo de recibir una lista larga de quehaceres. El sábado tengo que lavar, secar y planchar la ropa.

JULIA: ¡Qué lástima! ¿Quieres ir al cine el sábado a las dos y media?

Yo: Sí, quiero ir, pero tengo que limpiar el sótano y barrer el piso.

JULIA: ¿Quieres ir al cine el domingo?

Yo: Sí, quiero ir, pero tengo que poner todos mis libros viejos en el garaje. ¡Están debajo de mi cama! También tengo que escribir una carta a mi abuelo. Y tengo que pasar la aspiradora por todos los dormitorios.

JULIA: ¡Ay, caramba! ¡Hasta el lunes!

_____

_____

_____

_____

_____

_____

_____

_____

Nombre _____

G. Sr. Larganariz is visiting your classroom. How do you and your classmates respond to his remarks? Write a response in your own words.

M Los jóvenes ponen su ropa sucia en el piso.

No. Ponemos nuestra ropa sucia en la lavadora. _____

1. Los niños ponen los platos sucios debajo del sofá.

_____

2. Las niñas son débiles. Ellas nunca sacan la basura.

_____

3. Los alumnos siempre comen con las manos. Nunca usan los tenedores y las cucharas.

_____

4. Los alumnos siempre quieren chocolate. Nunca toman leche.

_____

5. Los alumnos nunca lavan su ropa. Sus papás tienen que lavar la ropa.

_____

6. Los alumnos nunca practican deportes con sus familias.

_____

¿Cómo se dice?

Nombre _____

A. Which of these things are things you eat, and which are condiments you put on foods to make them tastier? Circle the things you eat in blue. Then, match the terms to the pictures.

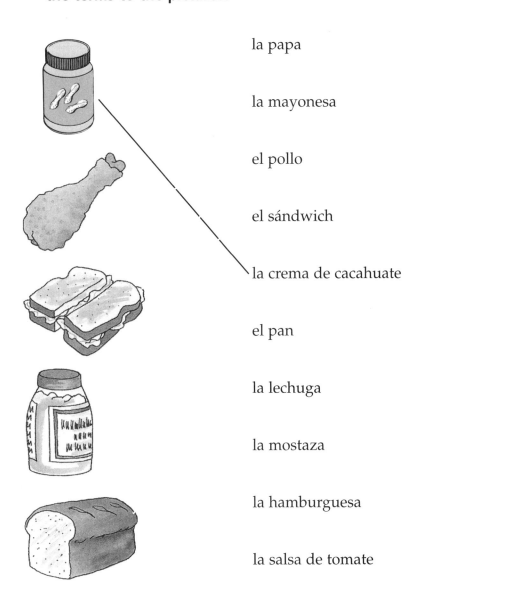

la papa

la mayonesa

el pollo

el sándwich

la crema de cacahuate

el pan

la lechuga

la mostaza

la hamburguesa

la salsa de tomate

¿Cómo se dice?

Nombre _____

A. Constanza always wants to be different from you. If you eat a hamburger, she eats soup! Look at the choices of foods and choose a meal for you and a meal for Constanza. Write two different sentences.

M   Quiero una hamburguesa y sopa. _____

     Ella quiere un sándwich y zanahorias. _____

1. _____

_____

2. _____

_____

¿Cómo se dice?

Nombre _____

A. You want to invite your friends for lunch. But first you want to find out at what time they usually eat. Answer the question according to the clock.

M Virgilio, ¿a qué hora almuerzas todos los días?

Siempre almuerzo a las doce y cuarto. _____

1. Susana y Mercedes, ¿a qué hora almuerzan todos los días?

_____

2. Alfredo y Mauricio, ¿a qué hora almuerzan todos los días?

_____

3. Sra. Fuentes, ¿a qué hora almuerza usted todos los días?

_____

4. Eugenia, ¿a qué hora almuerzan Eva y Juana todos los días?

_____

5. Lucía, ¿a qué hora almuerzan Julio y tú todos los días?

_____

Nombre _____

B. Jeremías often comes up with some creative excuses when he and his friends don't want to do something. What excuses can you invent? Write a sentence as an excuse for each suggestion.

M ¿Por qué no comen los espaguetis?

No comemos los espaguetis porque nunca probamos comida blanca y larga.

M ¿Por qué no almuerzas temprano?

No almuerzo temprano porque tomo el desayuno muy tarde.

1. ¿Por qué no pueden estudiar a las cuatro?

_____

2. ¿Por qué no pruebas el pescado?

_____

3. ¿Por qué no almuerzan en la escuela?

_____

4. ¿Por qué no puedes lavar los platos?

_____

¿Por qué no vas al parque a jugar?

_____

¿Cómo se dice?   Nombre _____

A. Eduardo's Spanish teacher asked him to write some sentences about what his family and friends like and don't like. He is having trouble with the verb *gustar.* Could you help him with his homework?

M A mis amigos les _____**gustan**_____ los deportes, pero no les

_____**gusta**_____ ir al cine.

1. A Mariela le _____ los perros, pero no le _____

   el perro de Leonardo.

2. A mis amigos les _____ las verduras, pero no les

   _____ los guisantes.

3. A mis papás les _____ cantar, pero no les _____

   bailar.

4. A nosotros nos _____ los jugos tropicales, pero no nos

   _____ el jugo de piña.

5. A Esteban le _____ caminar, pero no le _____

   practicar deportes.

6. A Pedro y a Natalia les _____ leer, pero no les _____

   estudiar.

7. A mí me _____ las ciencias, pero no me _____

   la educación física.

Nombre _____

B. Imagine that your favorite television stars are going to have dinner at your house! First you must find out what and when they like to eat. Write at least six more questions using *gustar.* Then have a partner play the star and answer your questions. Write down his or her answers in a paragraph.

M ¿Les gusta cenar temprano o tarde?

¿Qué les gusta más a ustedes, el jamón o el pavo?

¿Les gustan a ustedes las verduras con margarina?

1. _____

2. _____

3. _____

4. _____

5. _____

6. _____

_____

_____

_____

_____

_____

_____

_____

¡A leer!

Nombre _____

Read the following text and complete the chart below.

Desayunos del mundo

¿Cómo es el desayuno en otros países del mundo? En algunos países, es similar al que tomas tú: café, té, pan tostado y mantequilla o mermelada. También comen croissants y panes con chocolate. En Argentina, Uruguay y Paraguay toman mate, una bebida parecida al té, y comen pan con dulce de leche. En otros países, el desayuno es muy diferente del que conoces.

A los israelíes les gusta tomar café, y también ensalada y aceitunas. A los tailandeses les gusta tomar arroz, pescado y verduras. A los españoles les gusta comer pan tostado con aceite de oliva. En el Caribe comen pescado y plátanos fritos. En Bulgaria, comen mucho yogur. ¿Cuál de estos desayunos te gusta?

Now fill in the chart with the different countries and regions mentioned and the types of food they eat for breakfast.

País	Desayuno

Nombre _____

CONEXIÓN CON LAS MATEMÁTICAS

Imagine you are responsible for choosing the menu in a school in a Spanish-speaking country for next week. You need to go to the supermarket and buy the food. You are on a budget: you cannot spend more than $2 a day per child. There are 20 children, so you cannot spend more than $40 a day. You need to estimate 4 kilos of each course to feed 20 children. Besides, you need to meet certain conditions:

- The menu must include two courses and dessert.
- The first course can be soup, a salad, vegetables, potatoes or rice.
- The second course can be eggs, beef, chicken, turkey or fish.
- The dessert must be fruit, since we should eat fruit every day.
- We should eat vegetables at lunch at least twice a week.

These are the prices of food:

las papas: $1.10 / kilo	el arroz: $1.10 / kilo	los plátanos: $2 / kilo
los guisantes: $1.50 / kilo	los huevos: $2.40 / 12 huevos	la sandía: $3.50 / kilo
los frijoles: $1.60 / kilo		las uvas: $2.80 / kilo
las zanahorias: $1 / kilo	la carne: $8 / kilo	los duraznos: $3.20 / kilo
el maíz: $1.20 / kilo	el pollo: $4.50 / kilo	las cerezas: $4.50 / kilo
la lechuga: $1	el pavo: $5 / kilo	las manzanas: $1.30 / kilo
el tomate: $2 / kilo	el pescado: $11 / kilo	las naranjas: $3.70 / kilo

Use this chart to prepare your menu. How much did you spend each day?

	lunes	martes	miércoles	jueves	viernes
primer plato					
segundo plato					
postre					
TOTAL					

؟ ¡APRENDE MÁS! ؟

Nombre _____

Talking about food in Spanish can sometimes get you in a stew! Some countries and regions use their own words for certain food items.

Often you can find these terms in an English-Spanish dictionary.

For example, if you look up the word *bean* in an English-Spanish dictionary, you may find the following section of words: *la judía, la habichuela, el frijol, el ejote, el poroto.*

Test your dictionary skills! Look up the following words in the English section of two more English-Spanish dictionaries. How many words in Spanish can you find for each one?

Banana: _____

Corn: _____

Popcorn: _____

Peanut: _____

Potato: _____

Tomato: _____

Orange: _____

Pepper: _____

What dictionaries did you use? Write the titles below.

_____

_____

_____

¡A DIVERTIRSE!

Nombre _____

Busca las palabras

First, read the sentences. Then look in the puzzle for each word in a sentence that is in heavy black letters. The words may appear across, down, or diagonally in the puzzle. When you find the word, circle it. After you have circled the words, you can use the letters that are left over to form a saying (or *dicho*).

1. No hay **espaguetis** con **albóndigas** en el **menú**.

2. No **podemos** comer **sus legumbres**.

3. **Sí, me gusta** el **arroz.**

4. Juan siempre **prueba** los platos con **jamón.**

5. ¿A tus amigos **les** gusta cuando **almuerzas** con ellos?

6. **Nos gustan** las **papas** con **una** **hamburguesa.**

7. ¿Quieres probar la **sopa** con **carne** y **maíz?**

8. Sr. Millán, ¿cuál es **su jugo** favorito?

```
H  A  L  B  Ó  N  D  I  G  A  S
C  A  R  N  E  L  C  J  U  G  O
L  L  M  O  N  M  E  T  S  I  P
E  M  G  B  G  O  A  S  T  P  A
G  U  U  P  U  A  N  I  A  J  P
U  E  S  R  A  R  R  O  Z  A  A
M  R  T  U  Y  C  G  E  N  M  S
B  Z  A  E  N  O  S  U  Ú  Ó  B
R  A  N  B  O  L  L  N  E  N  A
E  S  P  A  G  U  E  T  I  S  Í
S  P  O  D  E  M  O  S  U  S  A
```

El dicho: _____

¿Cómo se dice?

Nombre _____

A. David's routine never changes. He does everything in a specific order. One day his little brother follows him around, asking questions. Answer his questions.

M

¿Qué haces?

Me levanto. _____

_____

1.

¿Qué haces?

_____

_____

4.

¿Qué haces?

_____

_____

2.

¿Qué haces?

_____

_____

5.

¿Qué haces?

_____

_____

3.

¿Qué haces?

_____

_____

6.

¿Qué haces?

_____

_____

¿Cómo se dice?

Nombre _____

A. Does your daily routine change? Do some activities always stay the same? Make a list of your regular morning and nighttime activities. Then write sentences about what you always do. Read Lorenzo's sentences as an example.

Lorenzo: Por la mañana, siempre me cepillo los dientes. También me lavo la cara y me pongo la ropa. Siempre tomo el desayuno. Me voy de la casa a las siete y media de la mañana. Por la noche siempre tengo que volver a la casa a las ocho. Me quito la ropa y me baño. Me pongo el pijama y me acuesto a las diez. (¡Es un secreto! ¡A veces me acuesto a las once y media!)

Por la mañana

_____

_____

_____

_____

Por la noche

_____

_____

_____

_____

_____

_____

_____

_____

_____

_____

¿Cómo se dice?   Nombre _____

A. Catalina is studying how many times a day people can open and close things around the house. Help her finish her notes. Complete each sentence, using the correct form of *cerrar.*

M Primero, abro la puerta y voy al jardín. Luego _____**cierro**_____ la puerta.

1. Primero, abrimos los libros y leemos las lecciones. Luego, _____ los libros.

2. Primero, Elena abre el horno y mira el pavo. Luego, _____ el horno.

3. Primero, Juan y Diego abren las ventanas. Luego, tienen frío y

   _____ las ventanas.

4. Primero, abro el buzón y saco las cartas. Luego, _____ el buzón.

5. Primero, abrimos la puerta del refrigerador y sacamos la leche y los sándwiches.

   Luego, _____ la puerta.

6. Primero, papá abre la puerta del balcón y va al balcón. Luego,

   _____ la puerta.

7. Primero, mamá abre la lavadora. Pone la ropa sucia en la lavadora. Luego,

   _____ la lavadora.

8. Tengo que colgar la ropa. Primero, abro el ropero. Luego, acabo de colgar la ropa y

   _____ el ropero.

Nombre _____

B. Imagine that a reporter is curious about how young people spend their time. How do you answer her questions about your plans for the weekend? Answer the questions in your own words.

M ¿Piensas estudiar el sábado?

No, no pienso estudiar el sábado. _____

1. ¿Piensas mirar los programas de televisión?

_____

2. ¿Tu familia y tú piensan practicar deportes?

_____

3. ¿Piensas limpiar tu dormitorio?

_____

4. ¿Tus amigos piensan ir al cine?

_____

5. ¿Piensas lavar y planchar tu ropa?

_____

6. ¿Tu familia y tú piensan comprar ropa en las tiendas?

_____

7. ¿Tu familia piensa almorzar fuera de casa?

_____

8. ¿Tus amigos y tú piensan estudiar el domingo?

_____

¿Cómo se dice?

Nombre _____

A. Elisa is upset. For some strange reason, she always wakes up at 7 o'clock on Saturdays. Elisa is trying to find out if her friends wake up early, too. Complete the question, using the right form of despertarse. Then answer the question according to the happy or sad face. If it's happy, answer yes. If it's sad, answer no.

M Juan, ¿___**te despiertas**___ a las siete los sábados?

☹ **No, no me despierto a las siete.** _____

1. Iris y Chela, ¿_____ a las siete los sábados?

☹ _____

2. Samuel y Marcos, ¿_____ a las siete los sábados?

☺ _____

3. Mariela, ¿_____ a las siete los sábados?

☹ _____

4. Sra. Ramos, ¿sus hijos _____ a las siete los sábados?

☹ _____

5. Sr. Domínguez, ¿usted _____ a las siete los sábados?

☺ _____

6. Lola y Diana, ¿_____ a las siete los sábados?

☹ _____

Nombre _____

B. A reporter has selected you to represent your classmates in an interview. You must answer on behalf of yourself and your classmates.

M ¿A qué hora se van de la escuela cada día?

Nos vamos a las tres y cuarto. _____

1. ¿A qué hora se despiertan los lunes?

_____

2. ¿A qué hora se ponen la ropa para ir al gimnasio?

_____

3. ¿A qué hora se van de la casa por la mañana?

_____

4. ¿A qué hora se despiertan los sábados?

_____

5. ¿A qué hora se acuestan los fines de semana?

_____

6. ¿A qué hora se acuestan sus hermanos los miércoles?

_____

¡A leer!

Nombre _____

Read the following text and complete the chart below.

Rutinas

Ila vive en la prehistoria. Se levanta a la salida del sol. Primero se baña en el río. Luego se pone la ropa: es de cuero. Se cepilla los dientes con una ramita de una planta. Por último, se peina con un peine de hueso blanco. No va a la escuela: su mamá le enseña a buscar y preparar la comida, a conocer a los animales y a saber cuándo va a llover.

Exin vive en el año 2100. Se levanta cuando su computadora le dice que tiene que levantarse. Primero se ducha en una ducha supersónica, sin agua. Luego se pone la ropa inteligente, que se adapta a su cuerpo. Se cepilla los dientes con un cepillo computarizado, que le deja los dientes muy limpios. Por último se peina en la máquina peinadora. Va a la escuela en su nave espacial.

Make a chart comparing the different part of Ila's and Exin's schedules.

	Ila	Exin
Levantarse		
Bañarse o ducharse		
Cepillarse los dientes		
Ponerse		
Peinarse		
Ir a la escuela		

Nombre _____

CONEXIÓN CON LAS CIENCIAS

As you know, the time of the day is different according to the place in the world we are, as we move towards the east or the west. This has to do with the Earth's rotation, so that when the sun is shining in the Americas, it's nighttime in Asia.

Look at the following map. You can see what time it is everywhere in the world at the same time. Answer the questions (you will need to find out the time zone of the country mentioned and your own time zone first).

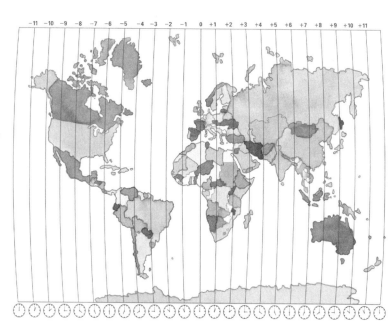

M Cuando en Japón se levantan, ¿qué hacemos nosotros?

Volvemos a casa de la escuela.

1. Cuando en Uruguay se acuestan los niños, ¿qué haces tú?

_____

2. Cuando en Nueva Zelanda cenan, ¿qué haces tú?

_____

3. Cuando en Kenia los niños se van a la escuela, ¿qué haces tú?

_____

4. Cuando en España los niños se bañan antes de cenar, ¿qué haces tú?

_____

Expresa tus ideas

Nombre _____

The members of the Explorers' Club are on a camping trip in the wilderness. How well are they doing? Write a least six sentences about the picture.

_____

_____

_____

_____

_____

_____

_____

_____

_____

¡A DIVERTIRSE!

Nombre _____

La familia Chiflada

The Chiflada family is not your average family. What are the family members doing? Describe eight activities in the picture.

_____

_____

_____

_____

_____

_____

_____

¿Cómo se dice?

Nombre _____

A. Leonardo wrote matching sentences on note cards, but he dropped them on the way to school. Help him match the sentences. Draw a line from column A to the right sentence in column B.

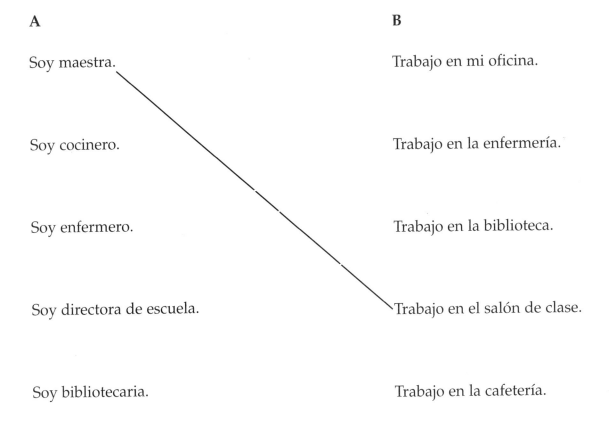

A

Soy maestra.

Soy cocinero.

Soy enfermero.

Soy directora de escuela.

Soy bibliotecaria.

B

Trabajo en mi oficina.

Trabajo en la enfermería.

Trabajo en la biblioteca.

Trabajo en el salón de clase.

Trabajo en la cafetería.

¿Cómo se dice?

Nombre _____

A. Francisca gets a lot of exercise during the day. She made a diagram of her school and wrote the times she has to be in each place. Answer the questions according to the picture.

11:00	9:30 12:30 1:45	8:00	3:00	
la enfermería	el salón de clase	la entrada	la salida	
el comedor	el auditorio	la biblioteca	la oficina	la fuente de agua
11:30	8:30	10:30	2:45	1:30

Ⓜ ¿Adónde voy a las ocho? _____ **Vas a la entrada.** _____

1. ¿Adónde voy a las ocho y media? _____

2. ¿Adónde voy a las nueve y media? _____

3. ¿Adónde voy a las diez y media? _____

B. Now answer Francisca's question and also tell her if she goes up or down the stairs. Use *bajas* or *subes*.

Ⓜ Estoy en el comedor. ¿Adónde voy a las doce y media?

_____ **Subes las escaleras y vas al salón de clase.** _____

1. ¿Adónde voy a la una y media?

_____

2. ¿Adónde voy a las dos menos quince?

_____

3. ¿Adónde voy a las tres menos quince?

_____

¿Cómo se dice?

Nombre _____

A. Leonor is interviewing the Flores family to find out what they know how to do. Complete the question, using the correct form of the verb *saber.* Then answer the question.

M P: Marta, ¿_____sabes_____ usar la computadora?

R: **Sí, sé usar la computadora.**

1. P: Marta, ¿tu papá _____ jugar al tenis?

R: _____

2. P: Claudio, ¿_____ nadar bien?

R: _____

3. P: Sra. Flores, ¿_____ usted escribir cartas en español?

R: _____

4. P: Simón ¿_____?

R: _____

Nombre _____

B. What questions will you ask the people in the pictures? How will they answer? Write a question about the picture. Then answer the question.

M

P: Paco y Lidia, ¿ustedes saben bailar?

R: Sí, sabemos bailar.

1.

P: _____

R: _____

2.

P: _____

R: _____

3.

P: _____

R: _____

4.

P: _____

 R: _____

¿Cómo se dice?

Nombre _____

A. Your best friend Bárbara wrote a story about a school on the planet Milco. She even drew illustrations! Help her describe her characters. Write two sentences about the picture.

M Ufe es más débil que Abo. _____

Ili es el más débil. _____

1. _____

_____

2. _____

_____

3. _____

_____

Nombre _____

A. Write a letter to a friend. Write at least two sentences about places in your school, two about people in your school, and two about your classes. Use *más . . . que, el más . . . ,* or *la más . . .*

¡A leer!

Nombre _____

**Read the following text and decide whether the statements are true (*verdadero*)
or false (*falso*). Rewrite any false statements to make them true.**

La biblioteca

Mi lugar favorito en la escuela es la biblioteca. Es el lugar más interesante, y
el más divertido. Allí trabaja la bibliotecaria. La bibliotecaria sabe de
ciencias, de historia, de geografía y de muchas cosas más. Siempre sabe qué
libros necesito y me ayuda a escribir mis trabajos.

En la biblioteca hay cientos de libros. Hay libros de ciencias y de estudios
sociales, pero también de literatura. Voy a la biblioteca a estudiar, a buscar
ayuda para mis trabajos y a encontrar novelas para leer. Me gusta sentarme
allí y leer historias interesantes. Nadie habla allí.

1. En la biblioteca trabaja la bibliotecaria.

   _____

2. La bibliotecaria sólo sabe de libros.

   _____

3. La bibliotecaria escribe los trabajos de los niños.

   _____

4. En la biblioteca hay pocos libros.

   _____

5. En la biblioteca puedes leer.

   _____

6. En la biblioteca la gente habla.

   _____

Nombre _____

CONEXIÓN CON EL ARTE

Choose two rooms in your school to decorate. Choose from the library, the hallway, the classroom, the infirmary, the principal's office, and the cafeteria.

Draw the paintings you would like to hang in each room. You can make them up or draw your own versions of famous paintings. Choose themes and colors carefully. Write under each one the room it is for and why you chose each picture.

1. _____

2. _____

⊱ ¡APRENDE MÁS! ⊰

Nombre _____

Words in Spanish often build on one another by adding endings to indicate different meanings. Look at the following examples:

cocinar   la cocina   el cocinero   la cocinera

The first word is a verb. The second is a noun that stands for a place. The third and fourth are nouns that stand for people. All four words are related in meaning.

Sometimes you can guess the meaning of a word because part of it is spelled like a word you already know. Study the following words. Then write the verb you know that is related to those words. On the line below the words, write what you guess their meanings to be. The first one has been done for you.

1. _____ el bailadero   el bailador   la bailadora

   to dance / dance floor _or_ place to dance / (male) dancer / (female) dancer

2. _____ el escritorio   el escritor   la escritora

   _____

3. _____ el patinadero   el patinador   la patinadora

   _____

4. _____ la pintura   el pintor   la pintora

   _____

5. _____ la caminata   el caminante   la caminante

   _____

⊚ ¡A DIVERTIRSE! ⊚   Nombre _____

El cuaderno perdido

Horacio has lost his notebook. Follow the maze to help him recover the lost notebook.

¿Con quién habla Horacio? ¿Adónde va? Escribe las palabras en orden.

1. _____

2. _____

3. _____

4. _____

5. _____

6. _____

¿Quién sabe dónde está el cuaderno?

_____

Nombre _____

A. The Spanish-speaking waiter is writing down what you and your family are going to eat. You're in charge of ordering for them. Complete these sentences according to the pictures.

M ¡La abuela **quiere sopa.** _____

1. El abuelo _____

2. Mamá y Tito _____

3. Papá _____

4. Raúl y yo _____

5. La abuela también _____

Nombre _____

B. You are conducting a survey to find out the schedules of people you know. Write the questions for these answers.

M Nancy, ¿a qué hora se despiertan tus hermanos y tú? _____

Nos despertamos a las siete y media.

1. _____

Almuerzo a la una y media.

2. _____

Me acuesto a las diez y media.

3. _____

Mis padres se acuestan a las doce.

4. _____

Se despiertan a las ocho.

5. _____

Matías y yo nos despertamos a las seis de la mañana.

6. _____

En la escuela, almorzamos a las doce.

7. _____

Mis hijos se despiertan a las siete de la mañana.

8. _____

Mi hermano y yo nos acostamos a las nueve y media.

Nombre _____

C. These are the things that Carlos does each morning. But they're out of order! Next to each activity, write a number to show the likely order in which Carlos does these things.

Se pone la ropa. _____

Se levanta. ___1___

Se cepilla los dientes. _____

Se seca. _____

Se lava. _____

Se va de la casa. _____

Se peina. _____

D. Write about your nighttime routine. Think about what you do when you get home in the evening. What do you do first, and what do you do next? Write five sentences.

M Primero, me quito la ropa.

1. Luego, _____

2. _____

3. _____

4. _____

5. _____

Nombre _____

E. Write sentences that make sense using a phrase from each column.

Rafael	cerrar	el buzón
Yo	pensar	limpiar el dormitorio
Mis abuelos		ir al cine
Mi hermana		las ventanas
Mi familia y yo		estudiar el fin de semana
Tú		almorzar fuera de casa

_____

_____

_____

_____

_____

F. Answer these questions according to your own schedule and plans.

1. ¿A qué hora te despiertas los días de la semana?

_____

2. ¿A qué hora te vas de casa?

_____

3. ¿A qué hora te acuestas los fines de semana?

_____

4. ¿Qué piensas hacer este fin de semana?

_____

Nombre _____

s writing a description of her school, but she forgot some of the
Help her complete her description.

rabaja en el _____. El _____ está en la

enfermero trabaja en _____. La _____

_____ está en la oficina. La

_____ está en al biblioteca. Todos trabajan en _____.

plain what your family, your friends, and you know how to do. Use the
ieas below and add your own.

> bailar
> planchar la ropa
> nadar
> usar la computadora

Ⓜ Mi padre sabe bailar muy bien. _____

1. _____

2. _____

3. _____

4. _____

5. _____

6. _____

Nombre _____

I. In this box, draw a picture of yourself and two friends. Then write se
comparing yourselves.

```



```

M Yo soy la más baja. Pedro es más alto que Rebeca. _____

1. _____

2. _____

3. _____

4. _____

5. _____